乡村振兴战略实施与乡村人才建设

林炜域 ◎ 著

图书在版编目（CIP）数据

乡村振兴战略实施与乡村人才建设 / 林炜域著. --
北京：中国书籍出版社，2024.6
ISBN 978-7-5068-9893-5

Ⅰ.①乡… Ⅱ.①林… Ⅲ.①农村—社会主义建设—
人才培养—研究—中国 Ⅳ.① F320.3

中国国家版本馆 CIP 数据核字 (2024) 第 101138 号

乡村振兴战略实施与乡村人才建设

林炜域 著

图书策划	成晓春
责任编辑	吴化强
封面设计	博健文化
责任印制	孙马飞 马 芝
出版发行	中国书籍出版社
地 址	北京市丰台区三路居路 97 号（邮编：100073）
电 话	（010）52257143（总编室） （010）52257140（发行部）
电子邮箱	eo@chinabp.com.cn
经 销	全国新华书店
印 刷	天津和萱印刷有限公司
开 本	710 毫米 ×1000 毫米 1/16
字 数	208 千字
印 张	12
版 次	2024 年 8 月第 1 版
印 次	2024 年 8 月第 1 次印刷
书 号	ISBN 978-7-5068-9893-5
定 价	78.00 元

版权所有 翻印必究

前 言

党的十九大明确提出实施乡村振兴战略，并将其作为构建社会主义市场经济体系的六大方面之一。2018年，《中共中央国务院关于实施乡村振兴战略的意见》明确了实施乡村振兴战略的指导思想、目标任务和基本原则，进一步规划了乡村振兴战略实施路线图。乡村振兴战略是中国乡村发展实践总结出来的新思想、新模式、新路径，是党的农业农村工作的总抓手，是针对我国农业、农村、农民的特点提出的具有中国特色的乡村发展道路。

党的二十大报告提出，全面推进乡村振兴。坚持农业农村优先发展，坚持城乡融合发展，畅通城乡要素流动。

党的二十大代表们表示，党的二十大决策部署为继续做好乡村振兴这篇大文章指明了方向、提供了遵循。要全面贯彻落实党的二十大精神，深刻领悟"两个确立"的决定性意义，增强"四个意识"、坚定"四个自信"、做到"两个维护"，举全党全社会之力全面推进乡村振兴，促进农业高质高效、乡村宜居宜业、农民富裕富足。

全面推进乡村振兴是新发展阶段乡村发展工作重心的历史性转移。乡村振兴是全域、全员、全方位的振兴，涉及乡村产业、人才、文化、生态振兴诸多方面，对象更广、范围更宽、要求更高、难度更大，是一项中长期的任务，最终目标是全面实现农业农村现代化，实现农业强、农民富、农村美，"全面实施乡村振兴战略的深度、广度、难度都不亚于脱贫攻坚"，需要系统谋划、有序推进。

乡村振兴离不开乡村人才振兴，乡村振兴需要一批新农人。《乡村振兴战略实施与乡村人才建设》从城乡融合的视角，对乡村人才队伍建设，特别是农业经营管理人才（农业职业经理人）、新型职业农民、农业科技人才、农村电商人才、乡村人才挖掘、乡村教育体系、乡村人才培养机制等内容作了详细阐释，就如何创新人才培育、引进、使用、激励体制进行分析和论证，旨在为激励各类人才在农村广阔天地大施所能、大展才华、大显身手，打造一支懂农业、爱农村、爱农民的强大的乡村振兴人才队伍提供具体指导。

本书第一章为乡村振兴战略概述，主要介绍了四个方面的内容，分别是乡村振兴战略的规划背景、乡村振兴战略的任务与目标、乡村振兴战略的要求与原则以及乡村振兴战略的意义；第二章为乡村人才振兴的理论框架，主要介绍了四个方面的内容，分别是乡村人才振兴概述、构建乡村人才振兴的整体性治理框架、强化乡村人才振兴的制度性供给体系以及优化乡村人才振兴的资源性统筹内容；第三章为乡村振兴战略的实施，主要介绍了四个方面的内容，分别是乡村振兴战略的具体内容、乡村振兴中应注意的问题、乡村振兴战略实施的保障以及实现乡村振兴的路径；第四章为乡村人才振兴的策略，主要包括三个方面的内容，分别是乡村振兴人才创新能力提升策略、乡村振兴人才综合表达能力提升策略乡村振兴人才创业能力提升策略；第五章为乡村振兴视域下人才建设的实践探索，主要包括四个方面的内容，分别是选拔培养平台的构建、干事创业平台的构建、交流中介平台的构建以及引进回流平台的构建。

在撰写本书的过程中，作者参考了大量的学术文献，得到了许多专家学者的帮助，在此表示真诚感谢。本书写作力争内容系统全面，论述条理清晰、深入浅出，但由于作者水平有限，书中难免有疏漏之处，希望广大同行及时指正。

林炜域

2023 年 12 月

目录

第一章　乡村振兴战略概述 ... 1
- 第一节　乡村振兴战略的规划背景 ... 1
- 第二节　乡村振兴战略的任务与目标 ... 7
- 第三节　乡村振兴战略的要求与原则 ... 24
- 第四节　乡村振兴战略的意义 ... 39

第二章　乡村人才振兴的理论框架 ... 45
- 第一节　乡村人才振兴概述 ... 45
- 第二节　构建乡村人才振兴的整体性治理框架 ... 48
- 第三节　强化乡村人才振兴的制度性供给体系 ... 56
- 第四节　优化乡村人才振兴的资源性统筹内容 ... 68

第三章　乡村振兴战略的实施 ... 79
- 第一节　乡村振兴战略的具体内容 ... 79
- 第二节　乡村振兴中应注意的问题 ... 110
- 第三节　乡村振兴战略实施的保障 ... 117
- 第四节　实现乡村振兴的路径 ... 129

第四章　乡村人才振兴的策略 143
第一节　乡村振兴人才创新能力提升策略 143
第二节　乡村振兴人才综合表达能力提升策略 150
第三节　乡村振兴人才创业能力提升策略 156

第五章　乡村振兴视域下人才建设的实践探索 164
第一节　选拔培养平台的构建 164
第二节　干事创业平台的构建 169
第三节　交流中介平台的构建 174
第四节　引进回流平台的构建 177

参考文献 184

第一章 乡村振兴战略概述

乡村振兴战略是党中央站在时代面前、全局高度,擘画中国广大乡村地区在新时代持续发展、全面振兴的国家战略,是党中央始终牵挂几亿农民疾苦、始终为农民谋幸福的体现,是农业强、农村美、农民富的美好目标早日实现的具体措施。本书第一章的主要内容为乡村振兴战略的规划背景、乡村振兴战略的任务与目标、乡村振兴战略的要求与原则以及乡村振兴战略的意义。

第一节 乡村振兴战略的规划背景

乡村地区是整个中国社会的基础。乡村是具有自然、社会、经济特征的地域综合体,兼具生产、生活、生态、文化等多重功能,与城镇互促互进、共生共存,共同构成人类活动的主要空间。我国有94%的国土面积都属于乡村。曾经,乡村地区是中国人最主要的生活场所。无论大都市,还是中小城市,都是以乡村为基础发展起来的。乡村振兴,是中国振兴、中华民族复兴的基础。乡村振兴战略强调在中国特色社会主义新时代,要以农业农村现代化、农民生活幸福为目标,是不断推动我国由农业大国向农业强国迈进的国家重大战略。党的十九大报告首次提出"乡村振兴战略",这是党中央擘画农业、农村发展的战略举措。乡村振兴战略的提出,有其历史背景和时代背景。

"三农"问题即农业、农村、农民问题。中华人民共和国成立以来,党和政府一直关注农业发展、农村地区建设,关心农民的生活。1978年12月18日至22日,党的十一届三中全会召开。这次会议不仅是中国共产党历史上具有深远意义的伟大转折,同时也是中华民族历史上具有深远意义的伟大转折。正是在这次会议上，党中央决定在中国实行"对内改革、对外开放"的政策，中国开始实施改革开放，迈进新的历史发展阶段。中国的改革开放是从农村地区起步的，起步的具体村庄就是排在"中国十大名村"第一位的安徽省凤阳县小岗村。

1978年前，小岗村是一个典型的贫困村，以"吃粮靠返销、用钱靠救济、生产靠贷款"的"三靠村"而闻名。在遭受了1978年夏秋之交百年不遇的特大旱灾后，18户小岗村民有16户被迫背井离乡，外出乞讨。为了生存，为了过上好日子，1978年12月的一个冬夜，严宏昌等18位农民冒着生命的危险，凭着宁可"杀头坐牢"的决心，共同在分田到户、靠自己吃饭的"大包干"契约上庄严地按下了自己的手印。从此，拉开了中国农村大变革的序幕，改变了中国农村发展的进程。同时，也开启了中国改革开放的大幕。

一、家庭联产承包制确立

1978年12月，安徽凤阳小岗村开始了分田到户、自负盈亏的"大包干"，这是中国农民对自己前途命运的抗争，是一次自发行动。在上无政策、下无支持的情况下，小岗村的自我革新无疑是冒天下之大不韪。因此在1979年，在实行大包干后第一年，小岗村即使第一次实现了粮食的大丰收，第一次向国家"交公粮"，仍然受到了上至部分中央领导、国家部委，下至县乡包括部分人民群众的质疑和批评。

在质疑声中，在批判声中，小岗村的突破在全国广大农村和农民中产生了极大的示范效应。1979年春天，全国各地不少农民把人民公社的土地重新划分，三家五户结为小组，共同拥有那一份土地。到春耕时，全国已有200万个村的3亿社员采取了这种行动，后来被称为"包产到组"。

面对热火朝天的农村改革和农业生产，部分领导同志却抱有疑虑和担心，对"分田单干、包产到户"仍怀有戒心。其中，当时由国务院农业农村委员会主办的颇具权威性的《农村工作通讯》，在1980年第二期和第三期分别发文批评分田单干。其中第二期刊发《分田单干必须纠正》指出：分田单干的包产到户做法，违背了党的政策，会导致两极分化。第三期刊发《包产到户是否坚持了公有制和按劳分配？》的文章指出：分田单干的包产到户会使农村的社会主义阵地受到破坏。这无疑给了满怀生产热情的农民当头一棒，渐有起色的农业发展也受到影响。

农村该如何发展？农业生产该如何组织？这些问题都考验着党和国家领导人的勇气和智慧。

1980年5月31日，邓小平同中央负责人就农村问题发表了重要谈话，指出在农村政策放宽以后，一些适宜搞包产到户的地方搞了包产到户，效果很好，变化很快。安徽肥西县绝大多数生产队搞了包产到户，增产幅度很大。凤阳县绝大多数搞了"大包干"，也是一年翻身、改变面貌，有的人担心这样搞会影响集体经济，但事实证明这样的担心是不必要的。在邓小平同志的支持下，农村土地改革步伐加快，以包产到户和包干到户为主要形式，在全国普遍展开。

1982年1月1日，党中央签发《全国农村工作会议纪要》(1982年中央1号文件)。文件明确指出包产到户、包干到户或大包干都是社会主义生产责任制，不同于合作化以前的小私有的个体经济，而是社会主义农业经济的组成部分。轰轰烈烈的包干到户、包产到户得到了党中央的肯定和承认，为家庭联产承包责任制的确立奠定了基础。

1983年1月，党中央颁布《当前农村经济政策的若干问题》(1983年中央1号文件)。文件指出，家庭联产承包责任制是在党的领导下中国农民的伟大创造，是马克思主义农业合作化理论在我国实践中的新发展。

农村的家庭联产承包责任制正式确立，中国农村实现了发展之路上的飞跃。

从此，在党中央一系列政策指引和支持下，中国农村的改革和发展有条不紊地向前推进，各地根据自身实际不断创新，在实践中探索。中国农民也逐渐从延续千年"面朝黄土背朝天"的传统耕作中解放出来，不仅解放了生产力，也解放了自身劳动力，通过多种方式，为农业的发展、农村的振兴作出了突出的贡献。

二、社会主义新农村建设

在农村的改革和发展中，社会主义市场经济体制确立。以市场为主要的资源配置模式的出现，对农业发展、农村建设、农民生活不可避免地产生了诸多影响。农村地区在经过了多年的快速发展后，开始面临新的难题。党的十四大以后，中国经济持续保持快速增长，经济形势越来越好，但与此同时，农业、农村、农民却遭受着困境。1997—2000年，农民收入增幅连续4年下降，至2003年，收入增幅更降至4%以下，远远落后于同时期城市居民的收入水平。农业生产同样面临困境，市场体制的改革带来农资价格的上涨，种地收入不增，农业投入不足，加之自然灾害等原因，粮食生产减产。相较于城市的快捷、便利、丰富多彩，农村越来越失去对青壮年劳动力的吸引力。

总之，20世纪末21世纪初的几年间，"三农"问题面临着严峻形势。农业减产，农民种粮积极性不高甚至下降；农村各项事业的建设状况不理想；农民"有饭吃、没钱花"的矛盾比较突出，因病返贫、因教育返贫的问题比较突出。因此，当时农村社会矛盾日益突出，为中国社会今后的发展提出了崭新课题。

2005年10月8日至11日，中国共产党第十六届中央委员会第五次全体会议在北京召开。会议提出，要按照"生产发展、生活宽裕、乡风文明、村容整洁、管理民主"的要求，扎实推进社会主义新农村建设。

社会主义新农村建设的战略部署，是党中央审时度势，在新的时代背景和战略全局做出的重大战略决策。党中央不断强调：统筹城乡经济社会发展，建设现代农业，发展农村经济，增加农民收入是全面建成小康社会的重大任务。这显示出，无论何时，关注农村、关心农民、支持农业，一直都是党中央工作的重心。

社会主义新农村战略从"生产发展、生活宽裕、乡风文明、村容整洁、管理民主"五个方面，为今后农村地区的发展提出了要求，指明了方向，为农村建设掀开了新的篇章，农业农村发展迎来了又一个春天。

三、新时代的发展要求

农业丰则基础强，农民富则国家盛，农村稳则社会安。"三农"问题始终是中国建设和发展的重大问题。

从社会发展规律来讲，城镇化是国家实现现代化的必由之路和强大动力。但是城镇化发展并不意味要以牺牲农业、忽略农村、无视农民为代价。虽然说随着城镇化的推进，农村人口必然逐步减少，有些村庄也会因各种原因而逐步消失，但这并不意味着农业在国民经济中第一产业的地位会改变，并不意味着广大的农村地区会消亡，也不意味着数亿农村居民全部要涌入城市成为市民。可以肯定的是，不管城镇化发展到什么程度，乡村都不可能被消灭。根据联合国估测，到2050年，我国的城镇化率将达到72.9%。即使如此，到时候农村仍然会有几亿人口，这几亿人的生活空间必须建设好，对美好生活的需求必须得到满足。因此，实现乡村振兴是由我国国情决定的。

2013年12月23日至24日，中央农村工作会议在北京举行。会议强调，农业还是"四化同步"的短板，农村还是全面建成小康社会的短板。可以说，农业仍然是中国经济发展的基础，农村仍然是中国社会的基础，农民仍然是中国建设的中坚力量。此次会议再次强调要把解决好"三农"问题作为全党工作的重中之重，始终把"三农"工作牢牢抓住、紧紧抓好。

没有农村的小康，就没有全社会的小康；没有农业的现代化，就没有国家的现代化。如何实现农村的小康，如何实现农业的现代化，如何实现农民对美好生活的需求，党的十九大对这个问题作出了回答。

2017年10月18日，中国共产党第十九次全国代表大会在北京召开。习近平总书记在向大会作的报告中首次提出"实施乡村振兴战略"。十九大报告强调，"三农"问题是关系国计民生的根本问题，必须始终把解决好"三农"问题作为全党工作的重中之重。

2022年10月，在党的二十大报告中，习近平总书记再次对推进乡村振兴作出了深刻论述和全面部署。既论述了推进乡村振兴在全面建设社会主义现代化国家全局中的地位、作用和意义，又全面部署了当前推进乡村振兴必须抓紧落实的各项主要任务，为各行各业在推进乡村振兴中如何找准自己的位置并作出贡献，提供了明确的指导方针和基本遵循。要坚持农业农村优先发展，按照产业兴旺、生态宜居、乡风文明、治理有效、生活富裕的总要求，建立健全城乡融合发展体制机制和政策体系，加快推进农业农村现代化。

党的二十大强调：全面建设社会主义现代化国家，最艰巨最繁重的任务仍然在农村。站在百年新征程上，党的二十大再次对全面推进乡村振兴进行了全面部署。

一是坚持农业农村优先发展，坚持城乡融合发展，畅通城乡要素流动。城乡融合有两个方面，一个是乡村本身的一、二、三产业的融合建设，另外一个就是要促进城乡的融合发展，也就是县域、城镇与乡域、村域的融合发展，同时必须打通城乡要素的流通要道，使城乡发展更为便捷更为畅通。

二是加快建设农业强国，扎实推动乡村产业、人才、文化、生态、组织振兴。其中产业振兴，是乡村振兴的关键；人才振兴，是乡村振兴的基础；文化振兴，是乡村振兴的灵魂；生态振兴，是乡村振兴的支撑；组织振兴，是乡村振兴的保障。

三是全方位夯实粮食安全根基，全面落实粮食安全党政同责，牢牢守住18亿亩耕地红线，逐步把永久基本农田全部建成高标准农田，深入实施种业振兴行动，强化农业科技和装备支撑，健全种粮农民收益保障机制和主产区利益补偿机制，确保中国人的饭碗牢牢端在自己手中，树立大食物观，发展设施农业，构建多元化食物供给体系。

四是发展乡村特色产业，拓宽农民增收致富渠道。充分了解地方特色特点，因地制宜发展特色产业，带动农民增加收入；利用数字化产业加快乡村经济信息化转型；利用新媒体加快城乡信息流通，拓宽农民销售渠道。

五是巩固拓展脱贫攻坚成果，增强脱贫地区和脱贫群众内生发展动力。脱贫攻坚要和乡村振兴有效衔接，在坚决杜绝返贫的基础上，带动脱贫户积极发挥主观能动性，协调城乡发展，促进乡村振兴的全面推进。

六是统筹乡村基础设施和公共服务布局，建设宜居宜业和美乡村。对基础设施和公共服务的建设就是通过对基础设施的建设在保留乡村自身特点的同时提升乡村的现代化水平，通过对公共服务的有益补充提升乡村的人居质量，在进一步缩小城乡居住环境差异的同时使得农村成为与城市互补的地域单元，满足不同人群的生活、养老等不同需求，最终实现城乡共同发展。

七是巩固和完善农村基本经营制度，发展新型农村集体经济，发展新型农业经营主体和社会化服务，发展农业适度规模经营。积极推进开展农村合作社主体经营，在理念上要打破传统的观念，走产业链发展和规模化发展的道路。

八是深化农村土地制度改革，赋予农民更加充分的财产权益。保障进城落户农民合法土地权益，鼓励依法自愿有偿转让。让农民对集体资产和财产权利更加清晰，也进一步完善农村土地经营权流转机制。从而提高土地利用率和农业综合生产能力，推动农业发展高质高效，助力乡村振兴的全面推进。

九是完善农业支持保护制度，健全农村金融服务体系。要以创新驱动农村金融发展，不断健全农村金融服务体系，大力推进金融制度创新、金融产品和服务方式创新，大力推进普惠金融、绿色金融与科技金融，构建可持续助力乡村全面振兴的普惠金融服务体系和绿色金融服务体系。

对于基层来讲，要真正把乡村振兴战略落实好，最重要的是把握"人"作为乡村振兴的主体作用，将乡村振兴与"美好环境与幸福生活共同缔造"有机结合，引导人民共同建设乡村，走出一条中国特色社会主义乡村振兴道路，使农业农村现代化迈上新台阶。

乡村振兴战略是党在新时代、新形势下作出的战略部署，是党对我国现阶段社会矛盾重新定位的基础上作出的部署，是解决城乡发展不平衡、农村发展不充分问题的必然选择，是实现"两个一百年"奋斗目标的重大战略决策。党中央与国务院部署乡村振兴战略，旨在加强和改进乡村治理，增进乡村居民福祉，全面推进现代化强国。

第二节　乡村振兴战略的任务与目标

一、乡村振兴战略的任务

党中央擘画乡村振兴，旨在为广大农村居民谋幸福，让农村居民都过上富裕的好日子。乡村的振兴，不是一朝一夕可成的，需要分阶段、按步骤，把宏伟的目标、蓝图分解成一个个阶段性的任务，按时间节点完成每一阶段的任务，才能最终完成乡村振兴的总任务。

（一）乡村振兴战略的总任务

2017年10月18日，党的第十九次全国代表大会在北京召开，习近平总书记在向大会所作的《决胜全面建成小康社会夺取新时代中国特色社会主义伟大胜利》报告中首次提出了实施乡村振兴战略，并代表党中央对乡村振兴的总任务做出了部署：到2020年全面建成小康社会，实现党中央确立的第一个百年奋斗目标；到本世纪中叶，把我国建成富强、民主、文明、和谐、美丽的社会主义现代化强国，实现党中央确立的第二个百年奋斗目标。

2022年10月16日，党的二十大在北京召开，习近平总书记在党的二十大报告中指出，民族要复兴，乡村必振兴，全面建设社会主义现代化国家，最艰巨最繁重的任务仍然在农村。要全面推进乡村振兴。坚持农业农村优先发展，坚持城乡融合发展，畅通城乡要素流动。扎实推动乡村产业、人才、文化、生态、组织振兴。

党中央擘画的到 2021 年建党 100 年时全面建成小康社会的目标，是事关全体中国人民的大事，是事关中华民族伟大复兴的战略大局。在这个战略大局中，农业、农村、农民始终是关键。对于党中央来说，做好"三农"工作是大局，更是关键。党中央擘画的 2018—2020 年乡村振兴战略规划，是为完成"两个一百年"奋斗目标的战略部署，总任务就是加快农业发展、农村改革、农民富裕，实现党中央确立的第一个百年奋斗目标。在庆祝中国共产党成立 100 周年大会上，习近平总书记庄严宣告在中华大地上全面建成了小康社会，我们要乘势而上开启全面建设社会主义现代化国家新征程、向第二个百年奋斗目标进军：到本世纪中叶中华人民共和国成立 100 年时建成富强、民主、文明、和谐、美丽的社会主义现代化强国。

（二）乡村振兴战略的阶段性任务

1.2035 年，农业农村现代化基本实现

1964 年 12 月 20 日，第三届全国人民代表大会召开，周恩来总理在向大会做《政府工作报告》时提出："要在不太长的历史时期内，把我国建设成为一个具有现代农业、现代工业、现代国防和现代科学技术的社会主义强国……全面实现农业、工业、国防和科学技术的现代化，使我国经济走在世界的前列。"[1] 从此，"四个现代化"成为中国人为之努力奋斗的宏伟目标。

农业现代化是"四个现代化"的基础，更是其他三个现代化实现的保障。只有农业的现代化实现了，"四个现代化"的宏伟目标才能真正实现。这是因为，在四个现代化的建设和发展中，农业现代化由于受传统生产习惯的限制，受传统耕作方式的影响，受地理环境的制约，其机械化、科技化的程度最低；更由于农业在发展中因其"高投入、低产出"的不足，在经济飞速发展的背景下渐渐失去

---

[1] 张光，王亮. 革命与建设：周恩来总理历次政府工作报告的话语分析 [J]. 领导科学论坛，2018，(21)：15-24, 2.

其吸引力、凝聚力。但乡村战略的规划和实施，是改变这种不正常现象的大好机遇。事实上，随着近年来国家惠农支农政策的不断出台，各项惠农措施的实施，农业正在恢复其原有的生机和活力，迸发出新的生命力。

到2035年，乡村振兴取得决定性进展的时候，农业农村现代化基本实现；到2035年，农业产业结构通过较长时期调整后得到根本性改善，农民的就业质量显著提高；到2035年，在国家不断加大扶贫工作力度的前提下，农村贫困人口消失，相对贫困进一步缓解，农民在实现共同富裕的道路上迈出坚实步伐；到2035年，城市反哺农村、支持农村发展成为常态化机制，城乡基本公共服务均等化基本实现，城乡融合发展体制机制更加完善，城乡差距进一步缩小，基本实现无差别化；到2035年，通过不断地治理、发展、宣传、教育，通过"立家规、传家训、正家风"等一系列活动，乡风达到更加高度的文明，积极作用得到彰显，成为乡村生活中重要的精神力量，同时，以自治为支撑、法治为保障、德治为补充的乡村治理体系更加完善，乡村秩序更加和谐、稳定、安全、有序；到2035年，农村生态环境根本好转，蓝天、绿水、青山、密林的良好愿景展现出美丽容颜，生态宜居乡村呈现出一片繁荣景象。

2.2050年，乡村地区实现全面振兴

根据规划目标，到2050年，乡村地区实现全面振兴，"农业强、农村美、农民富"的目标全面实现。

农业强，则国强。党中央一直以来都强调农业是立国之本、强国之基，农业的强大、强盛，是中国强大、强盛的基础，是中华民族实现伟大复兴的基础。到2050年乡村实现全面振兴的时候，农业将成为整个社会产业中最有奔头的产业，具有丰富的吸引力。到那时，农业产业结构调整完成，产业升级更进一步，更加突出科技农业、持续农业、效益农业的特色和优势；到那时，粮食生产实现稳定，能够为国计民生提供坚实的保障；到那时，农业成为具有丰富吸引力的产业，能够充分集聚人才、资源、技术、资金等要素，是中国经济发展不可或缺的坚实力量。

农村美，则国美。美丽宜居的乡村是美丽中国浓墨重彩的画卷。到2050年，美丽乡村成为人人向往的生态家园，具有极大的向心力。到那时，将不再有空心化的村落，留守老人、留守儿童也已经成为过去，到处是一片欢声笑语的盛世图景。到那时，农村里水、电、路、通信基础设施齐备，村落里"鸡犬相闻"，村庄里干净整洁；到那时，农村的人居环境实现大变化，"楼上楼下、电灯电话"成为最基本的配置，村庄内道路干净，鸟语花香，如一幅盛世田园美景；到那时，农村的生态环境优美，看得见绿水，望得见青山，成为安居乐业的美丽家园。

农民富，则国富。农民为国家建设和经济社会发展作出了巨大的贡献，在中国富强、中华民族复兴的宏图大业里，农民从来都是最具牺牲精神、奉献精神的群体。农民的富裕程度、农民的获得感、生活的幸福感是衡量党和政府关于"三农"政策成效的最重要指标。在党中央的关怀关心下，中国数亿农民正以更加饱满的精神状态投入社会主义现代化建设。到2050年，农民的"钱袋子"都将鼓鼓的，曾经"面朝黄土背朝天"、靠土里刨食的日子一去不复返，农民的收入有更广泛的来源，如家庭经营收入、农闲工作收入等，农民的幸福指数直线上升。到那时，城乡生活水平差距基本消除，城市居民可以享有的社会福利，农民都可以享有；到那时，在中央一项接一项富民政策的帮扶下，不再有贫困人口，农民实现真正的富裕，农民成为具有丰富吸引力的职业；到那时，农民在充满生机和活力、充满希望和收获的田野上，纵情歌唱。

二、乡村振兴战略的目标

乡村振兴战略所确定的近期、中期、远期目标，都是围绕"三农"事业来组织和实施的。乡村振兴战略是推动农业振兴、农村发展、农民富裕的战略，一切规划、一切制度、一切政策、一切措施，都是为"农业强、农村美、农民富"的战略目标的推进实施和最终实现服务的。

（一）产业升级农业强

农业是立国之本，强国之基。中国农业要强起来，这是中国富强、中华民族复兴的基础。乡村振兴战略确定"农业强"的战略目标，是站在时代和历史的高度作出的战略规划，为我国今后农业的发展指明了方向。

1. 农业强的坚实基础

要知道，我国是一个自然灾害频发的国家，同时粮食种植受地理环境、气候环境等因素影响较大，能够连年保持粮食稳定生产，这是非常了不起的成就，同时也证明，乡村振兴战略所确立的"农业强"战略目标有着深厚的物质基础，必将随着各项政策、措施的实施最终实现。

（1）粮食生产有潜力

"手里有粮，心里不慌。"对于农民来说，粮食是命根子；对于国家来说，粮食是持续发展的根本保证。因此，关于粮食生产，党中央十分关注，连年通过1号文件强调农业生产的重要性，要求不断增强粮食生产能力，不断强化农业基础地位。

粮食生产是农业发展的核心，所有的强农、惠农、支农政策的制订和实施，根本目的都在于稳定粮食生产。毕竟要解决十几亿人口的吃饭问题，粮食生产与粮食安全任何时候都不能放松。

近几年，粮食生产环境并不理想，但我国的粮食产量还是保持稳定，这就表明我国粮食生产还大有潜力。因此，乡村振兴战略规划的"农业强"战略目标，有赖于粮食生产的稳定和增长，有赖于粮食生产潜力的挖掘。

粮食生产的确大有潜力可挖。从主打粮食品种来说，可以通过种植结构调整，结合土地实际状况，选择适合本地种植的农作物，最大程度挖掘粮食生产潜力。2018年，乡村振兴战略开始实施的第一年，我国就对农业产业结构进行调整优化。其中，调整了非优势区水稻种植面积800多万亩、玉米400多万亩，改种植符合地区实际的农作物，有效通过休闲农业、乡村旅游等新产业形态进行补充，实现超过8000亿元的收入。

农业产业结构的优化调整，确保了粮食生产能力的稳定和粮食产量的稳定，为粮食稳定增产奠定了基础。因此，只要粮食稳定增产，就为农业强奠定了坚实的基础。今后，随着乡村振兴战略的稳步推进，将会更加深入挖掘粮食生产潜力，"任凭风浪起，稳坐钓鱼台"，始终把中国人的饭碗牢牢端在自己手上。

（2）耕地红线有保障

粮食生产的增产丰收，都建立在耕地这一最根本的基础之上。因此，无论粮食产能如何，农业产业结构如何调整，耕地这一最基础、最根本的要素都不能有任何的退让。无论任何时候，都不得以牺牲耕地为代价，换取一时的所谓经济增长，否则就是竭泽而渔，杀鸡取卵。

"农业强"战略目标要求稳产量、提产能。这必然要求稳定粮食的种植面积。

永久基本农田是最优质、最精华、生产能力最好的耕地，要让最好的地种植最好的粮，实现最大的丰收。永久基本农田的划定及严格保护，是"农业强"战略目标实现的有力支撑。永久基本农田是耕地的精华，国家把最优质、最精华、生产能力最好的耕地划为永久基本农田，是立足于我国人多地少、耕地后备资源不足这一基本国情而作出的战略部署，并且强调要集中资源、集聚力量实行特殊保护。国家采取有力措施，保持耕地面积，有利于巩固和提升粮食生产能力，有利于确保粮食自给自足、粮食生产安全，能够确保把十几亿中国人的饭碗始终牢牢端在自己手上。

为了保障耕地面积，党中央、国务院出台了严格的政策、措施，要求"坚决守住18亿亩耕地红线"。为了坚守这一目标，国家制订有《土地管理法》《土地管理法实施条例》《基本农田保护条例》等法律法规，为耕地保护提供法律依据，这是守住耕地红线的最有力保障。

（3）科技投入促产出

科学技术是第一生产力。农业的发展和振兴离不开科技的支持。我国一直重视农业生产中的科技投入，在耕地总面积有限、人均耕地面积有限的情况下，在自然灾害多发、农作物受灾不断的情况下，还能够连年获得粮食的丰产丰收，这都是科技研发、应用的贡献。因此，科技投入是"农业强"战略目标实现的有力支撑。

为落实科技支农、科技兴农的政策，国家不断加大对农业科技创新的投入。党的十八大以来，国家在农业科技创新、发展、推广等方面的投入累计超过300亿元，并且还将继续加大投入的力度。在农业科技创新支持下，鼠标轻点，机器种田；卫星导航，机器播撒，飞机施药；瓜果丰收，APP上线，瞬时销空；二维数码，追本溯源，农业产品，质量保证。这一切都是农业科技创新带来的翻天覆地的变化。对于农民来讲，面朝黄土背朝天、挥汗如雨的田间耕作，正在逐渐成为过去时。

乡村振兴战略在谋划中长期目标的时候，特别提到了要"强化农业科技支撑"。根据战略规划要求，在乡村振兴战略实施过程中，加快农业科技进步，提高农业科技自主创新水平、成果转化水平，为农业发展拓展新空间、增添新动能，引领支撑农业转型升级和提质增效，将会是"农业强"战略目标实现的重要保障。

2. 农业强的实施路径

20世纪70年代，美国前国务卿基辛格说过一句名言："谁控制了粮食，谁就控制了人类。"[①] 我国从古至今都明白"民以食为天"的道理。所以说，在国家发展和复兴大业中，保障我国的粮食安全尤为重要。乡村振兴战略确立的"农业强"战略目标，是保障粮食安全的重大战略。在实施乡村振兴战略进程中，要结合实际，走立足现实、富有特色的农业振兴之路。

（1）加强农业法律政策保障

没有规矩，不成方圆。农业工作千头万绪，事务繁杂，必须有完善且可靠的法律政策保障，才能确保建立起农业发展的长效机制。尤其是农业的生产周期长，生产投入大，投入的效益显现有明显的时间差，不能有任何急功近利、投机取巧的心理。

农业发展的法律体系建设是"农业强"战略目标实现的必然要求。在依法治国的背景下，农业发展过程中的各项事务、各项制度、各项措施都需要健全的法律体系来保驾护航。比如，农业发展必不可少的种子、化肥、农药等必备的农资产品，其价格是否稳定、质量是否达标等，都必须由法律来明确规定，并严格按照法律规定加强检查监督，对在农资保障上弄虚作假的任何人和任何公司必须予以严格的法律责任追究。已经曝光的一些农资作假坑农的案例已经证明，利益面前，总会有人铤而走险，丧心病狂。农资作假，不仅仅会给农民带来经济上的损失，更是对整个农业保障体系的破坏。我国目前已经建立起以《宪法》为核心的农业法律法规体系，如《农业法》（2012年）、《种子法》（2013年）、《农产品质量安全法》（2018年）、《农村土地承包法》（2018年）、《农民专业合作社法》（2017年）、《农业技术推广法》（2012年）等10余部农业生产中的基础性法律，另有《农药管理条例》《基本农田管理条例》《农民专业合作社登记管理条例》《农业机械安全监督管理条例》《耕地占用税暂行条例》《土地复垦条例》等数十部农业管理法规和规章。这些法律法规是农业生产和发展的法律支撑。

农业政策是农业发展的调节器。相对于法律的稳定性、滞后性，农业政策能够根据生产实际和市场变化，及时作出调整，为农业生产和发展提供及时、准确、快速、高效的引导和服务。农业政策在"农业强"战略目标实现过程中的地位和

---

① 吕云龙. 审时度势 大宗商品价格波动与传导效应研究 [M]. 北京：中国市场出版社，2022.

作用十分重要，应当继续用好并充分发挥其调节器作用。农业政策相比于立法周期长、时效性欠缺、以问题防范为主的农业法律而言，具有"短、平、快"的优势，因而在农业发展中发挥着不可替代的作用，今后仍然要坚持制订好、落实好各项农业政策，有效促进农业发展。比如从2004年开始实施的粮食最低收购价政策，及时消除了种粮农户的担忧，国家实行"托底价"保障种粮农户的利益，有效防止"谷贱伤农"情况的出现，保护农民的种粮积极性。比如自2006年开始实施的种粮补贴政策，极大地调动了农民的种粮积极性，对促进农业生产稳定和增长发挥了重要作用。比如实施的精准扶贫政策，是国家扶贫政策的升级版，对保障真正贫困人口真正脱贫提供了有力的政策支持，能够有效促进全面建成小康社会目标的实现。

因此，"农业强"战略目标的实现，离不开农业法律、农业政策的有力支持。今后，应当继续加强农业领域立法并加强法律责任追究，确保法律保障作用的发挥。同时，还必须立足于农业发展实际，制订好、实施好农业政策，为农业发展提供得力的政策支持。

（2）加强农业基础设施建设

人之命脉在田，田之命脉在水。因此，实施乡村振兴战略，加强农业发展，必须解决"靠天吃饭"的问题。

由于我国南北、东西气候、地理环境差异大，水资源分布不均匀，加上生产传统、耕作习惯的影响，农业基础设施建设的问题并未能得到根本解决，其中"靠天吃饭"的问题成为制约农业发展的一大障碍。在我国，经济不够发达的中西部地区，尤其是西部省份的山区，农业基础设施发展较为落后，严重制约着当地农业的发展。

加强农业基础设施建设，关系着乡村振兴战略的实施，关系着"农业强"战略目标的实现，是推动农村经济发展、促进农业和农村现代化进程的一项重要措施。一般情况下，农业基础设施建设主要包括：农田水利建设，农产品流通重点设施建设，商品粮棉生产基地、用材林生产基础和防护林建设，农业教育、科研、技术推广和气象基础设施等。改革开放40余年来，我国农业基础设施建设取得了很大的发展，极大地改善了农业生产条件，极大地保证了农业的增产增收。其中，农民最为关注的应该是农田水利建设。

农田水利建设是现代农业建设不可或缺的重要环节，事关农业农村发展，事关粮食生产和粮食安全。我国的农田水利应当大有可为，加大资金和技术投入，因地制宜建设农田水利基础设施，解决好农田水利"最后一公里"的问题，实现大有作为。

自2011年党中央提出"大兴水利"的部署以来，我国的农田水利建设取得了长足进步。农田水利建设是我国实施"农业强"战略的必然要求，这是由水资源的分布不均以及全年降水量极度不均匀的现状决定的。

加强以农田水利建设为主的农业基础设施建设是实施乡村振兴战略的必然要求。水是生命之源，农业的振兴和发展离不开水资源的保障。此外，农产品流通体系和流通设施的建设，是农产品走出土地、走向市场的有力保障；商品粮棉生产基地建设是保证我国主要农产品产量、质量的坚实基础，是保障国计民生安全的需要；农业教育、科研与技术推广等是农业持续发展、高质量发展的有力支撑；农业气象基础设施建设能够为农业发展提供保障，引导农业生产趋利避害，保障农民利益。

（3）加强农业机械推广应用

科学技术是第一生产力，农业科学技术的研发和利用是农业实现腾飞的翅膀。传统的以人力为主的生产模式早已不能适应现代农业发展的要求，生产效率低、生产消耗大。农业的发展必须向科学技术要效益，凭科学技术谋取发展。农业科技的发展和应用，应当涵盖农业生产的各个环节。就一般意义的农业生产而言，农业机械的应用和发展，是提高生产效率，促进农业升级和发展的关键因素，是把农村劳动力从土地束缚中解放出来，从事其他生产经营的基础。

首先，应当加强大中型农业机械的推广应用。目前，我国农村地区大型农业机械的推广应用范围日益扩大，极大地提高了农业生产效率，节约了人力成本，促进生产水平提高。今后，要加强大中型农业机械推广应用的力度，凡是具备作业条件的生产区域，都应当通过提高服务质量、降低服务成本、高效优质保障等举措，推动大型农业机械的应用。

其次，必须加强小微型农业机械的推广应用。我国的地形复杂多变，多丘陵、多山地，农业耕作环境较为多样，尤其是山地农业的发展，几乎全部依靠人力、畜力；甚至部分偏远山区全部依靠人力进行耕作。这种耕作方式生产效率低下，牢牢地把农民束缚在土地上。究其原因，一方面是农业生产投入较大，对于贫困地区来讲，农业机械资金保障不足；另一方面是地形高低起伏不平，导致大中型农业机械无法进场作业。小微型农业机械则因其小巧、成本低、操作简便、作业环境要求不高而得到诸多农民朋友的肯定和喜爱。因此，农业科技发展应当立足农业生产的现实需要，加强小微型农业机械的研发、生产、应用。

（4）加快优质种子推广应用

"农业强"战略目标实现的另一个重要保障就是农业科技的推广应用。高科技农业是世界农业发展的潮流；是在耕地面积有限的情况下实现粮食丰产、保障粮食供给的重要支撑；是实现保障我国粮食安全、解决群众吃饭问题的必要选择。

近年来，我国的科研院校研发出诸多粮食种子升级换代产品。如袁隆平教授带领他的科研团队研发选育出的系列水稻新品种，大大地促进了水稻产量的提升。此外还有许多小麦新品种、玉米新品种等，都将是我国粮食生产发展的重要保障。但是，现在的优质粮食新品种的推广应用情况并不理想，很多新品种还停留在实验室里，这就失去了新品种研发的意义和价值。

政府和职能部门应当为新品种的推广应用提供政策支持。政府可以出台托底政策，在推广应用新品种的过程中，先小规模种植，给种植户提供资金保障，检验新品种从实验室到田间地头的生产效益。同时加强宣传，让种植户充分了解新品种的优良品质、未来效益等，消除种植户的顾虑和担心。种植户也应当信任政府、大胆尝试，选择优质品种，走科技兴农、科技富农的现代农业发展之路。

（5）加快农业产业升级调整

传统农业生产解决的是中国人民的温饱问题，为工业生产提供生产资料，为国家粮食安全提供坚实保障基础。现代农业的发展需要转变思路，改变传统耕作结构、生产模式，发展多元化、多样化、多层化的现代农业产业结构。

首先，就农业耕作来讲，应当发展多元化种植模式。一般情况下，农村耕作以粮食作物为主，多种植本地主要农作物。在新的发展理念下，应当结合耕地资源情况，在粮食作物、经济作物、花果苗木等中间选择最适合本地种植、生产、经营的品种，实现土地产出利益最大化。

其次，就林业、牧业、渔业来讲，要根据本地实际和市场环境选择和调整。退耕还林也好，退耕还草也好，或者土地复耕也好，都应当以实际需要为根本考量，不能盲目地一刀切，也不能跟风，需要结合地域特点，综合考虑，选择适合本地发展需求，具有广阔前景的主产业。

最后，根据实际发展农产品深加工产业，提高农业产品附加值。农产品作为初级产品，附加值低，效益不够明显。但是深加工、精加工后的农产品却可以摇身一变，成为高附加值的商品。从提高农业产值和农民直接收入而言，农产品深加工将是未来农业产业结构升级的一个有效选择。

（二）生态保护农村美

改善农村人居环境，建设美丽宜居乡村，是乡村振兴战略的重要内容。2018年中央1号文件对美丽宜居乡村建设提出了明确的要求和目标。乡村振兴战略的实施，使农村的基础设施实现升级，农村人口居住环境得到彻底改善，农村生态实现人与自然和谐相处，乡村成为人人向往的生活、休闲、观光场所。

1. 坚持以习近平生态文明思想为指导

生态兴则文明兴，生态衰则文明衰。习近平总书记历来关注生态环境建设，自党的十八大以来，党中央把生态文明建设纳入国家"五位一体"建设战略格局中，并就生态文明建设展开部署。

习近平生态文明思想是在实践中、在长期的乡村工作和调研中形成的，具有深厚的社会基础。习近平生态文明思想，强调在经济社会发展中不能以牺牲自然环境、生态资源为代价，发展必须坚持绿色发展，始终坚持人与自然和谐共生，始终注重保护生态环境，建设美丽中国。要自觉把经济社会发展同生态文明建设统筹起来，加大力度推进生态文明建设、解决生态环境问题，坚决打好污染防治攻坚战，推动我国生态文明建设迈上新台阶。习近平生态文明思想是建设美丽中国的根本指导思想，同时也是美丽乡村建设的根本指导思想。乡村振兴战略谋划的农村美战略目标，必须以习近平生态文明思想为指导，把农业发展、农村产业结构调整升级同生态环境整治和建设结合起来，在实现农业发展目标的同时，推进美丽乡村建设。

2. 加强农村人居环境基础设施建设

长期以来，农村基础设施建设比较落后，完全不能满足农村居民的生活需求；即使在经济发展水平有了很大提升、生活条件大大改善的情况下，农村地区的基础社会建设也难以真正满足农村群众的基本的美好生活需求。比如文化设施建设，比如体育健身器材，比如医疗卫生保障，比如学前教育等，这些都是农村居民生活需求的基本内容，但长期以来难以得到满足。近年来，在新农村建设的推动下，乡村地区也开始建设、完善一些基础设施，但这些基础设施因其与农村居民生活需求有一定的差距而未能发挥其作用。如已经建设的乡村篮球场，大都未能发挥其作用。因为会打篮球的年轻人大多数都外出务工或者在城里居住，留守的老人和儿童又大都不会打篮球，这种情况下，篮球场成了晾晒场、停车场，篮球架成了晾衣架，造成了资金浪费，也挤占了本就不富裕的村民生活空间。这种情况下，农村环境美的目标就难以实现了。

"农村美"战略目标，要求在规划农村建设和发展的时候，需要以农村居民实际生活需求为导向，规划好、建设好农村的基础设施建设，不能按照一种模式建设。因地制宜是最基本的要求。

因地制宜，需要统筹安排好美丽乡村建设的方方面面。由于我国农村地区受到传统文化、传统习俗的影响较大，保留了诸多风俗人情、生活习惯，对于很多新生事物并不能充分地认识和接受，也不能一下子就适应。而且，每个地区，甚至每个村落保留的传统、保留的习俗、形成的习惯，都有很大的差异。在规划美丽乡村建设的时候，必须考虑各地各村的实际情况，不要"好心办坏事"。

3. 加强农村居民居住环境整治修复

农村环境有好有坏，这主要是农村人口环境意识不强、人畜家禽混居等原因造成的，往往导致村落里的环境脏乱差，不够整洁有序。这种情形下，乡村人居环境不够理想也就在所难免。因此，农村美战略目标的实现需要从改善农村居民最基本、最主要的人居环境入手，加快进行农村居民居住环境的整治修复。

说到农村人居环境修复，就必须讲到"厕所革命"。厕所革命最先是由联合国儿童基金会提出的，旨在通过对发展中国家的厕所进行改造，以改善这些国家的卫生状况和健康、环境状况。"厕所革命"的提出对于中国人尤其是中国农村来讲，具有特别重要的意义。在农村，绝大多数的情况下，厕所承担着积攒农家肥的功能，露天、难闻、肮脏是它的基本特征；到了夏季，则是蚊蝇滋生的地方。可以说，一个厕所就是一个污染源，极大地破坏了农村的环境。但是，这种情况在农村又是普遍存在且大家习以为常的，因为祖祖辈辈都是在这样的环境中生活的。因此，习近平总书记十分关注厕所改造尤其是农村的厕所改造问题，多次强调厕所革命是事关民生的大事，"小厕所、大民生"，改善农村人居环境，首先就应当从最典型、最顽固的厕所问题抓起。"厕所变了样，生活大不同"。厕所问题解决了，农村美的战略目标也就实现了一半了。

修复农村人居环境还要解决好牲畜入圈的问题。在农村，家禽牲畜散养是普遍的现象。"鸡犬相闻"在农村是常见的生活图景，但也不可避免地带来环境污染的问题。这些问题几乎是每一个有过农村生活经历的人都亲身体会过的。农村居住环境的整治，必然要解决"家禽牲畜满村走、牲畜粪便遍地拉"这一痼疾，否则农村美的目标就难以实现。

当农村存在的最顽固的环境污染问题得到解决，人们的生活习惯得到改变之后，当大家的生活理念和生活追求产生根本变化的时候，以改善农村生态为根本内容的美丽乡村建设就能够取得成功，就能够实现美丽乡村建设"宜居"目标。

4.加快农村地区生态环境建设步伐

曾经的乡村，山清水秀，天蓝水绿，鸟儿鸣，鱼虾肥。然而随着农村生产观念的逐渐转变，以乡镇企业为代表的农村产业的初步调整，许多农村地区的河流、湖泊、土壤受到不同程度的污染，早已不复原有的美丽面貌。以河流为例，由于沿岸工厂污水乱排、沿岸村庄垃圾乱倒等不良行为，河流的水质普遍受到影响。曾经清澈见底、鱼虾成群的河流变得污浊不堪，鱼虾难寻。此外，焚烧秸秆与秸秆还田的矛盾还是未能得到有效的解决；因为化肥、农药的普遍、大量使用，导致耕地土质受损并影响农产品安全；此外，农村生活垃圾随处倾倒破坏环境等，这些问题在农村地区都不同程度地存在，直接导致破坏了农村的生态环境。

农村美的战略目标势必要求对这些问题进行回应并妥善进行解决。

近几年，农村生态修复和建设工作做得还是颇有成效的，这得益于中央的重视和统筹规划，地方政府的大力执行。现在，农村水资源的保护和利用已经得到高度重视，正在逐步推进保护性开发，真正实现"一方水土养一方人"。农村地区也在开始大规模发展生态农业、有机农业，不仅能够提高生产效益，同时也能够修复农业生态，保护环境。此外，现在大多数农村地区都以村庄为单位修建有垃圾集中处理区域，较为有效地解决了农村生活垃圾"围村"的问题。而且，随着人们住房条件的改善，农民逐渐"上楼"，也在逐渐改变一些不健康的生活习惯,这些变化不同程度地改善了农村的生态环境。总而言之,从生态安全和生态需求两个方面看,农村生态环境有了极大的改善。

农村生态环境修复建设,还应当转变思路,培育和发展乡村旅游、生态旅游、休闲旅游、观光旅游、田野体验旅游等多种新型休闲生活模式,开发建设农村生态资源,促进生态环境建设,不断增强农村地区的吸引力、凝聚力,实现美丽乡村建设"宜业、宜游"的目标。

(三)政策扶持农民富

小康不小康,关键看老乡。在小康社会建设目标实现过程中,农村地区的小康建设水平是关键环节,只有广大农村地区尤其是偏远、贫困地区的老乡真正脱贫致富,生活水平达到小康水平,才算是真正实现了小康社会的建设目标。

小康是一种生活水平。在古代,小康指的是生活比较安定。在儒家的思想理论体系中,社会秩序安定有序,社会关系稳定和谐,社会制度稳固有效,整个社会在礼仪的规范和约束下呈现出一番盛世景象,就是小康。在宋代洪迈的思想中,小康强调家庭经济比较宽裕,不再困于生计。

由此来看,小康的一个重要指标就是生活富足,解决温饱问题只是最基本的要求,最关键的是从温饱型生活向富足型生活迈进,这就要求我们在"吃饱穿暖"问题彻底解决之后,要不断推动生活水平的全面提高,因此,"农民富"就成为乡村振兴战略中的重要战略目标。

1. 精准扶贫促发展

2013年11月,习近平总书记在湖南湘西考察时对扶贫工作作出新的指示,特别指出要"实事求是、因地制宜、分类指导、精准扶贫"。这是习近平总书记首次提出精准扶贫思想。

精准扶贫是相对于粗放式扶贫的新提法。从20世纪80年代开始的扶贫开发工作,取得了极大的成就,但这种扶贫却是粗放式扶贫,由于制度设计的缺陷,导致在扶贫工作中政府对贫困居民数量掌握不够准确,扶贫对象的确定多由基层干部"估测"而来,国家拨付的扶贫资金"天女散花"般"见者有份"。这种粗放式扶贫直接导致"年年扶贫年年贫",甚至还出现了人情扶贫、关系扶贫等腐败现象,造成应扶未扶等社会不公,加剧了社会矛盾,造成社会不稳定。精准扶贫就是为了解决这些问题而提出的新的扶贫指导思想，即指针对不同贫困区域环境、不同贫困农户状况，运用科学有效程序对扶贫对象实施精确识别、精确帮扶、精确管理的扶贫、治贫，通俗来说，就是"谁贫困就扶持谁"。

精准扶贫政策是促进农民致富和发展的有效途径。无论什么原因，几千万的贫困人口绝对不甘心过苦日子、穷日子。之所以生活陷入穷困状态，是有多方面原因的，对于农村的贫困户来说，既有外在的因素（如土地贫瘠、生产落后、缺少有效致富途径等），也有内在的原因（因病致贫、因病返贫、能力缺乏等），内外交困的情况下，生活状况当然不尽如人意。精准扶贫政策的实施，则是针对那些贫困户的具体情况，精准定位到个人，分析原因，查找对策，一人一方案，一人一措施，实现扶贫与扶智、扶志相结合，在政府的帮扶下，让贫困户有致富之路，让贫困人口有致富之策，通过输血和造血相结合，实现致富，实现发展。

2. 立足自身谋发展

几千万的贫困人口绝大多数都存在于农村，其中原因是多方面的，但最根本的因素仍然在于贫困户自身。外来的帮扶只是暂时的，只要自己想脱贫、要脱贫，就必然会想方设法寻求合适的发家致富之路；只要自己想致富、要致富，就必然会竭尽全力谋求致富之策，并通过自身劳动实现致富的目标。

应当明确，党中央和政府部署实施的精准扶贫举措，只是为贫困人口提供外来的助力，脱贫致富最终还要依靠贫困人口自身。对于贫困人口而言，一定要彻底摆脱穷人思维、贫穷是没有办法的事情等不良思维，要相信靠自己的双手、靠自己的劳动、靠自己的聪明才智，同样可以致富。

首先，要从思想上脱贫。无论是什么原因导致的贫困，都不能就此一蹶不振，应当坚决认识到，自己必须"过上好日子"。每个人、每个家庭都有自己的实际情况，致贫的原因各不相同，但对富裕生活的追求应当是一致的，对美好生活的期待是一致的，只要有坚定的信心，就一定能够通过自己劳动实现增收，实现致富，实现过上好日子的目标。

其次，要立足于自身的努力。无论党和政府提供如何的支持，给予怎样的帮扶，最终还是要依靠自身的努力和行动。俗话说"人勤地不懒"，只要坚持通过自身的劳动，用自己的双手创造美好生活，致富就必然会实现。

再次，要坚决去除依赖心理。"流自己的汗，吃自己的饭，自己的事情自己干，靠天、靠地、靠祖宗,不算是好汉。"古人都知道,人生在世,靠自己才是正道。不可否认,有些贫困户之所以"年年扶贫年年贫",根本原因就在于他们利用国家的扶贫富民政策,吃惯了救济,用惯了救助,不劳而获,衣服有捐助,粮食有供给,即使不劳动,也不用担心饿肚子、不用担心没衣服穿。就这样形成了懒汉思想,并进而真的成为懒汉。虽然说贫穷不可耻,但因懒惰而导致贫困交加,也绝对不是光彩的事情。因此,贫困户要坚决去除依赖心理,要立志通过自己的双手,流自己的汗,吃自己的饭。

最后,要积极探索发家致富的路子。"小成靠勤,中成需智。"勤劳只是致富的一方面,另外更重要的是要思考,探索适合自身的致富路子。对于农村的贫困户来讲,致富的最大阻力或许是没有一技之长,只有一把子力气。但现在,力气也是资本。因此,只要头脑活,只要能够打开思路,就不难开拓出一条适合自己的致富路子。贫困户不能说自己"只会种地,除了种地啥也不会"。种好庄稼、多打粮食也是能力;此外还可以种植一些经济作物,增加收入;还可以利用农闲时节,走出去打零工,也能有额外的收入;若是敢于走出家乡,实行劳务输出,也是不错的选择。在此过程中,若是能学到技术,掌握一些技能,就有了安身立命的资本。还可以思路再打开一些,脑子再活泛一些,胆子再大一些,打造一个休闲农庄,吸引游客进行观光采摘、农家乐等,这些都是富裕生活的有效手段。

3. 多种路子大发展

拓宽农民增收渠道,让农民在乡村振兴战略实施中,通过自身劳动,感受到实实在在的钱袋子鼓起来,日子富起来,是"农民富"战略目标的具体要求。

首先,要坚持农业致富的根本。我们常说土地是农民的命根子。以土地为基础的农业生产是农民安身立命的根本。所以,农民增收致富,还是要围绕土地做文章,向土地要效益、让土地生金。现在,各地都在根据本地的实际情况发展生态农业、休闲农业、精品农业、体验农业等多种农业经营模式,毕竟在土地上,农民才最有底气。因此,农民勤劳致富还是要抓住农业这个根本,实现增收致富。

其次,要转变思路,发展农村经济新形态。现在,各地农业发展开始走多样化经营的路子,但对于部分文化水平不高,对新生事物认可度、接受度不高的农民来讲,还是有难度的。对此,基层政府应当通过示范引导,通过成功案例的典型带动,消除他们的顾虑,鼓励这些人大胆尝试,发展"互联网+"农业,扩大农产品销售渠道；发展合作社农业种植与经营，借助集体的力量实现致富；发展订单农业、基地农业，提升农产品品质，增强农产品的市场竞争力。所以，有思路才有出路，转变思路是促进农民增收的关键。

最后，要大胆实行劳动力转移就业。农业致富是根本，劳动力转移就业是保障。对于农民来讲，能够"像城里人那样拿工资"是期待已久的，劳动力转移就业则是其实现的最佳方式。随着机械化作业、现代农业科技的发展，农村的剩余劳动力越来越多。剩余劳动力应该积极跳出村庄，向外转移，在多种就业模式下实现增收。无论是在家门口创业、就业，还是走进城市务工，都会大力促进农民增收。因此，促进越来越多的劳动力转移就业，在国家政策支持和保障下，将会极大促进"农民富"目标的实现。

4. 政府支持不断线

小河有水大河满。只有农民富了，国家才能富起来。只有农民的小康目标实现了，国家全面建成小康社会的目标才能真正实现。要让农民富起来，好的政策是必不可少的。政府的富民政策是农民发家致富的保证，政府支持也是农民富裕生活的有力保障。"农民富"战略目标的实现，要求政府的富民政策和帮扶一直坚持下去，不能朝令夕改，出现断线。

当然，政府的政策支持和保障，包括政府的帮扶，要注重引导贫困户的造血能力而非一味地输血，要通过政策支持引导贫困户走自强自立之路。无论是全面建成小康社会的目标也好，还是实施乡村振兴战略也好，或者是实施精准扶贫政策也好，对于政府来讲，这是一项长期的、需要常抓不懈的工作，不仅需要根据变化的社会实际适时调整政策，更重要的是通过持续的政策供给为农民增收致富保驾护航。

在政策实施中，有些地方往往是机械地执行上级的决策部署，忽视了农民生产生活的实际，导致政策执行走形变样，难以真正发挥作用，这就违背了政策制定的初衷。对此，要防止在政策执行中的"一刀切"现象。

比如这几年国家整治农村"大棚房"的问题，无疑是必要的，也是必须的，这是保证国家富民支农政策正确执行实施的必然要求，但是有些地方在整治"大棚房"问题的时候，简单理解，不调查、不了解、不研究，对辖区内所有的大棚设施一禁了之，或者一纸通知拆除了事。违法违规的大棚房肯定是要拆除惩治的，但是对那些合法投资、合法经营的投资者、农户来讲，就会伤害其合法权益。国家对于大棚房的整治有明确的要求和标准，那么，地方政府在执行时就应当严格按照要求实施，不能随意扩大范围，也不能坐视不理。

还以农业大棚为例，这是现代农业发展的一种模式，很多经济作物、蔬菜、果树、花卉，都离不开大棚。倘若是一禁了之，不仅不利于农业产业调整，不利于发展多种经营模式，同时也会阻碍农民增收致富。所以，大棚房固然要坚决彻底整治，以生产为基础的大棚是不能禁、不能拆的。

所以，政府的政策支持要源源不断地供给，同时要保证政策落地，坚决予以贯彻执行，实现国家的建设目标。

第三节 乡村振兴战略的要求与原则

一、乡村振兴战略的要求

乡村振兴，是党自中华人民共和国成立以来作出的重大决策，是全面建设社会主义现代化强国的重大历史任务，是新时代"三农"工作的总抓手。应该看到，乡村振兴提出的"产业兴旺、生态宜居、乡风文明、治理有效、生活富裕"的总要求是相互联系的有机整体，准确把握总要求的具体内涵及其相互关系，是理清乡村振兴战略思路、全面科学系统落实乡村振兴相关工作的重要一环。

（一）产业兴旺

"产业兴旺"是乡村振兴的重点。没有乡村产业的兴旺，乡村振兴就是空中楼阁。

1. 夯实农业基础确保粮食安全

牢固树立农业基础意识，扎实推进"藏粮于地、藏粮于技"的战略，充分发挥农田水利基础设施的保障功能，开发农机装备与种业等现代科技创新的增产潜力，夯实粮食生产能力，全力实现好习近平总书记要求的"中国人的饭碗要牢牢端在中国人的手上"，中国人的碗里要装中国人自己生产的粮食，中国人的粮食要用中国自己培植的先进品种，进一步推动国家粮食安全战略更实更牢。同时，进一步优化农业结构，提高农业的国际竞争能力，不断增加农民收入。

2. **坚持绿色发展推进质量兴农**

推动质量兴农、绿色兴农、品牌强农，就是要立足转变农业发展方式，积极构建现代农业产业体系、生产体系、经营体系，提升农业优质化、绿色化、品牌化发展水平，推动农业发展质量变革、效率变革、动力变革。2018年是我国的"农业质量年"，农业农村部审议通过的《国家质量兴农战略规划（2018—2022）》，启动实施农业高质量发展八大行动，完善乡村产业标准体系，加强质量安全监管，不断创新符合乡村产业振兴的组织形式，进一步构建现代农业产业体系、生产体系和经营体系。

3. **通过产业融合促进产业振兴**

要在推动城镇化、工业化的过程中，始终注意不仅要把工业产业发展的重点放在城市，同时要制定诸多的政策，引导资源聚集到乡村发展、聚集到县域经济发展这个方向上来。所以，乡村产业振兴就要努力通过各种政策、各种措施，引导方方面面的力量，在继续推进城市繁荣发展的同时，将更多的要素导入县域经济发展这个平台，为乡村创造更多的适合农民需要的、适合各方面人才展示才华的广阔天地，推动现代农业产业园建设，推动农村一、二、三产业融合发展，促进乡村产业振兴。

4. **推动特色产业激活乡村活力**

推动特色优势产业区的发展，应注重加快信息技术、绿色制造等高新技术在整个产业链中的应用与渗透，加快构建现代农业产业体系、生产体系、经营体系，推进农业由"增产导向"转向"提质导向"，切实提升全要素生产率，提高农业发展的质量和效益，全面培育"现代农业+"的创新发展新业态，通过建立健全有利于城乡融合发展的体制机制和政策体系，推动现代科技走进乡村，农业产品走出乡村，挖掘和激活农村经济高质量发展的潜力。

（二）生态宜居

"生态宜居"是乡村振兴的关键。习近平总书记关于乡村振兴的重要论述，将"生态宜居"作为总体要求的一项着重强调，体现出生态振兴对于乡村振兴的重要意义。现阶段，我国农业农村发展面临着人与自然、社会系统与自然生态系统之间矛盾突出的问题，必须将生态文明建设全面融入乡村振兴各项工作，努力构建人与自然的和谐关系。与自然和谐相处、安居乐业是人们美好生活需要的重要组成部分。

在工业化、城镇化加速发展的背景下，必须加大农村生态治理资金的投入，建立健全有利于农村生态治理的生态补偿机制，强调尊重自然、顺应自然、保护自然，统筹山水林田湖草系统治理，完善农业生态产品和服务供给，推动乡村自然资本加快增值，实现"百姓富"和"生态美"的"双赢"。还要进一步创新与整合相关技术，加强农业面源污染防治、农村水环境治理和饮用水水源保护、土壤污染治理修复、流域环境治理、近岸海域综合治理等，实现投入品减量化、生产清洁化、废弃物资源化、产业模式生态化，严禁工业和城镇污染向农业农村转移。另外，在乡村改造过程中，需注意保留村庄原始风貌，注重文化传承，全面改善和提升农村人居环境的质量，通过建设美丽乡村、完善农村生态治理设施建设，进一步提升村容村貌，更好发展乡村旅游、打造田园综合体。

1. 生态技术化和技术生态化，实现可持续发展

科技的使用让人类改造自然的水平大幅提升，但科技的滥用也提升了自然灾害和生态灾难爆发的频率。我们必须辩证地看待科技对于生态环境的双重影响，科技不仅可以有效改善提升环境质量，也可以扰乱甚至破坏生态系统的平衡性。因此，如何合理地使用科学技术，是人类探索人与自然和谐发展之路的一个关键问题。

乡村振兴需要认真审视对待技术问题，更加理性地选择使用科学技术，支持鼓励农业技术创新，积极发展推广农业生态化技术。所谓生态化的技术，就是既考虑到人对自然的依赖性，又能关注人对自然的责任与义务的技术。生态化的技术不是把科学技术简单地生态化，也不是将生态学简单地同科学技术画等号，而是在技术的创新发展中融入生态化的思维和意识，赋予技术生态与环保的理念和属性。农业生态化的技术意味着把生态保护的理念融入农业技术的具体发展中，从技术开始被使用就以维护大多数人的社会利益以及推动生态环境可持续发展为准则。同时，将技术使用的评价标准与目标结果从"人—社会"的二维视角转向"人—社会—自然"的三维视角，让农业科学技术既服务于人类社会的经济发展，又服务于自然生态环境的保护与建设。

2. 确立生态系统整体性循环思维，实现人与自然环境协调发展

新时代我们要建设生态文明、振兴我们的乡村，必须用新的思维方式。迈向生态文明时代，人类的发展思维方式应该向超越分析性线性思维的生态系统整体性循环思维方向发展。由于人类认识世界的能力限制着人类改变世界的能力，所以当人类认为某种物质没有价值的时候，可能只是受制于科学技术水平或是其他认知水平没能达到更高的阶段，而使这种物质的价值被忽略。可是人类必须面对自然资源的稀缺性以及不可再生性的现实，尽可能做到物尽其用，珍惜自然资源和生态资源，最大限度避免经济社会发展过程中所造成的环境价值损失。因此，在乡村振兴的生态伦理实践中，我们应该确立生态系统整体性循环思维，将自然界视为一个整体，人同自然界其他物质一样，只是自然界的一部分，人类应平等对待自然界中的每一个生命，珍惜自然界中的每一种物质，最终在农业发展和农村建设中构建资源利用与废弃物产出之间的良性合理关系，实现人与自然界各物质间的良性互动，让自然界各物质间实现平等相处、和谐相处，让自然资源在农业发展、农村建设中发挥出最大的价值，全面提升乡村的生态环境质量。

3. 转变乡村生产生活方式，实现绿色发展

当前，农业资源环境问题日益突出，人民群众对优美环境和优质农产品的需求大大增加，应该积极推动开展乡村生产方式和生活方式绿色化转变的生态伦理实践活动。

生产方式就是物质谋得方式与社会经济活动方式在物质生产过程中的能动统一。同传统的乡村生产方式相比，乡村生产方式绿色化是人们从思想意识到实践行为在社会经济发展与物质生产本原问题上的一种提升。生产方式绿色化转变要求把乡村的社会经济发展放在整个自然生态系统中，承认自然界是工具性和价值性的统一，将社会经济发展看作自然界整体发展的一部分，其发展的基础是实现人与自然的和谐相处。乡村绿色化生产方式是着眼于农村农业的可持续发展，在充分调动农民主观能动性的基础上，合理利用自然规律，将利用自然与保护自然两者相结合的一种生产方式。其实质，是坚持保护生态环境就是保护生产力、改善生态环境就是发展生产力的观点。

生活方式是指人们生活活动的各种形式和行为模式的总和，它反映的是"怎样生活才是好生活的方式、方法"。生活方式并不等同于衣食住行游等日常生活领域，而是包括了劳动生活方式、消费生活方式、闲暇生活方式等全部生活领域，是日常生活和非日常生活（不包括非生活性因素）的统一体。生活方式的绿色化就是把尊重自然、珍惜生命，追求人与自然、社会和谐共生的绿色发展理念融入生活方式中，使人们满足自身生活需要的全部活动形式和行为模式向着勤俭节约、低碳绿色、文明健康的方向转变。

在乡村生活方式绿色化转变领域，应该倡导农民养成以知识、智慧的价值代替物质主义的价值观念。工业文明的消费生活推崇追求物质财富和过度的物质享受，以高消费体现人的社会地位。生态文明时代农民的消费生活价值观应提倡拥有、利用、消费知识和智慧含量高的商品，让农民的消费更加自由、自主且富有个性化；丰富农民的精神生活，引导农民从崇尚物质逐步转向崇尚精神，以丰富的精神生活取代享乐主义和物质主义。这种生活方式崇尚社会、心理、精神、审美的需求，积极参与科学和艺术活动、旅游、娱乐以及一定的社会道德生活和信仰生活。这更符合人的本性，更符合自然本性，是有更高生活质量的新生活，是乡村振兴生态伦理实践的有效路径。

（三）乡风文明

"乡风文明"是乡村振兴的保障。要弘扬广袤乡村保留着的优秀传统文化，加强对乡村物质文化和非物质文化的保护，特别是要体现对中华优秀传统文化和红色革命文化的关键区域的保护，对民族地区的民俗、民风、民居等特色文化的保护也要重视起来，守护好广大农民的精神家园，防止中国传统优秀文化流失，为乡村振兴提供内在保证和动力源泉。

乡村振兴，既要塑形，也要铸魂。没有乡村文化的高度自信，没有乡村文化的繁荣发展，就难以实现乡村振兴的伟大使命。乡村振兴要物质文明和精神文明一起抓，既要发展产业、壮大经济，更要激活文化、提振精神，繁荣兴盛农村文化。要把乡村文化振兴贯穿于乡村振兴的各领域、全过程，为乡村振兴提供持续的精神动力。要推动乡村文化振兴，加强农村思想道德建设和公共文化建设，以社会主义核心价值观为引领，深入挖掘优秀传统农耕文化蕴含的思想观念、人文精神、道德规范，培育挖掘乡土文化人才，弘扬主旋律和社会正气，培育文明乡风、良好家风、淳朴民风，改善农民精神风貌，提高乡村社会文明程度，焕发乡村文明新气象。

1. 大力倡导健康文化，醇正乡风民风

文化是一个国家、一个民族的灵魂。精神文明建设同样也是乡村振兴的关键。当前，随着乡村经济发展和人民生活水平的日益提高，精神文化的匮乏已经日益凸显，人民需要更加丰富的文化来充实生活，而不能让不良之风盛行、奢靡攀比之风占据主流。这就需要政府大力引导积极健康向上的文化，积极宣传，加强引导，让健康的文化传播起来，让乡风民风更加醇正，让文化建设也同样满足人民群众日益增长的精神需求。

2. 加大力度投资文化建设，完善文化基础设施

人民的思想解放了，对精神文化生活有了更高、更强烈的需求，这就需要政府加大文化基础设施建设的投资力度，进一步整合资源，进一步完善文化基础配套设施，让渴求文化生活的群众得到满足，建设广场、搭建戏台、建立书屋、购置书籍、普及网络等等，让新建的广场活跃起来，让农家书屋也出现"琅琅读书声"，让闲暇之余的村民能够上网、下棋、看电影。

拓展推广农村文化长廊、党建宣传文化墙等，争取"一村组一广场一长廊，每户一面党建宣传文化墙"，加强农村精神文明建设。在推动实施乡村振兴战略进程中，尤其要注意提高农民对乡村振兴相关政策及其重大意义的认知水平，培养其责任意识、参与意识，吸引更多农民更好融入乡村振兴的进程。

3. 着力树立乡村文化品牌，弘扬民俗文化精髓

"看得见山，望得见水，记得住乡愁。"乡村文化品牌是乡村振兴最亮丽的名片，乡村文化品牌往往来自丰富的民俗文化和红色文化。要建立具有鲜明特色的文化品牌，就要立足于当地实际，整合自然、文化、产业资源，将民俗文化与环境特色、人文景观、革命历史等进行有机融合，建设特色小镇、网红民宿、农家旅游、革命文化馆等。立足乡村文明，吸取城市文明及外来文化优秀成果，在保护传承基础上实现创造性转化、创新性发展，不断赋予时代内涵、丰富表现形式，为增强文化自信提供优质载体。

（四）治理有效

"治理有效"是乡村振兴的基础。加强乡村治理是推动国家治理体系和治理能力现代化的题中应有之义。要推动乡村组织振兴，打造千千万万个坚强的农村基层党组织，培养千千万万名优秀的农村基层干部，提升农村基层党组织的领导力、凝聚力和战斗力，推动乡村自治、法治、德治有机结合，更好引导、带领群众投身乡村振兴的伟业。

党的力量来自组织，组织能使力量倍增。基层党组织，是实施乡村振兴战略的"主心骨"。农村基层党组织强不强，基层党组织书记行不行，直接关系乡村振兴的实施效果好不好。习近平指出："要推动乡村组织振兴，打造千千万万个坚强的农村基层党组织，培养千千万万名优秀的农村基层党组织书记，深化村民自治实践，发展农民合作经济组织，建立健全党委领导、政府负责、社会协同、公众参与、法治保障的现代乡村社会治理体制，确保乡村社会充满活力、安定有序。"[1]

1.切实强化农村基层党组织领导核心地位

农村基层党组织是农村各种组织和各项工作的领导核心，无论农村社会结构如何变化，无论各类经济社会组织如何发育成长，农村基层党组织的领导地位不能动摇，战斗堡垒作用不能削弱。坚持和发挥农村基层党组织领导核心作用，既要在思想上不动摇、不含糊，又要在实践中找办法、找路径。切实强化政治功能，提升组织力，牢牢把握中国特色社会主义这个大方向，推动党的路线方针政策在农村落地生根，增强对各种歪风邪气的战斗性。切实提升服务能力，加强基层服务型党组织建设，更好地服务改革、服务发展、服务民生、服务群众、服务党员。切实加强对村级各种组织的统一领导，敢于负责、主动作为，教育引导村级其他组织自觉服从党的领导，支持他们依法依规行使职权，沿着正确方向健康发展。切实在全面覆盖、有效覆盖上下功夫，创新完善农村基层党组织设置，及时跟进农村经济社会新变化，加大在农民合作社、农业企业、农业社会化服务组织等中建立党组织的力度，加大在农民工聚居地建立党组织的力度，切实扩大党的组织和党的工作在农村的覆盖面。

---

[1] 刘祥作.乡村振兴实施路径与实践[M].北京：中国经济出版社，2022.

2. 选好用好管好农村基层党组织带头人

农村富不富，关键看支部；村子强不强，要看"领头羊"。无数事实表明，一个好的农村基层党组织，往往好就好在有个好的书记；一个差的农村基层党组织，往往差就差在缺个好的书记。随着农民进城务工，大批能人、年轻人走出农村，村党组织书记难选的问题在全国各地凸显。着眼于培养千千万万名优秀的农村基层党组织书记，下大力气解决村党组织书记"人难选、无人选"的问题，花心思、"下深水"，在村里的致富带头人、外出务工经商人员、复员退伍军人、在外工作的退休干部以及乡村医生、乡村教师和其他乡贤中寻找人才、使用人才，注重选拔优秀大学生进乡、村班子，加强村级后备干部力量储备。坚持把党性强、作风好放在首位，决不能抛开政治要求简单地、笼统地选"能人""富人""领头人"。对党组织软弱涣散村和贫困村，要从机关选派优秀干部任"第一书记"。着力抓好教育培训，在加强习近平新时代中国特色社会主义思想学习的同时，深入开展方针政策、形势任务和法律法规以及群众工作、领导方法等方面的专题培训，提升领导水平和工作能力。

3. "三治"相结合构建乡村治理机制

乡村治，百姓安，则国家稳。乡村治理在整个国家治理体系中发挥着至关重要的基础作用。可以说，乡村振兴，治理有效是基础。深化村民自治实践，发展农民合作经济组织，建立健全党委领导、政府负责、社会协同、公众参与、法治保障的现代乡村社会治理体制，确保乡村社会充满活力、安定有序。坚持自治为基，加强农村群众性自治组织建设，健全和创新村党组织领导的充满活力的村民自治机制，发挥自治章程、村规民约的积极作用。全面建立健全村务监督委员会，依托村民会议、村民代表会议、村民议事会、村民理事会、村民监事会等，形成民事民议、民事民办、民事民管的多层次基层协商格局。创新基层管理体制机制，整合优化公共服务和行政审批职责，打造"一门式办理""一站式服务"的综合服务平台。坚持法治为本，树立依法治理理念，强化法律在维护农民权益、规范市场运行、农业支持保护、生态环境治理、化解农村社会矛盾等方面的权威地位。坚持从严管理，健全和落实村干部"小微权力清单"、坐班值班、为民服务全程代理、经济责任审计等制度，督促村干部履职尽责、清白干事。

4. 从严加强农村党员队伍建设

农村党员是党的农村工作和基层组织建设的主体，是贯彻落实党在农村各项方针政策的中坚力量。要着力解决农村党员队伍老化、青黄不接等问题，落实政治审查制度，严格标准，严格培养，严格程序，加大在"90后""80后"青年农民中培养和发展党员力度，着力把乡村各方面优秀人才吸收进党的组织。总结推广党员评星定级、党员群众教育培训讲习所等做法，增强教育管理针对性、有效性。严肃党内政治生活，严格落实"三会一课"、组织生活会、党性分析、民主评议党员等基本制度，增强政治性、时代性、原则性、战斗性，杜绝随意化、平淡化、庸俗化，真正起到教育改造提高党员的作用。积极运用现代信息技术教育管理党员，下功夫破解流动党员管理难题，提高党员教育管理服务信息化、精准化水平。稳妥慎重地做好处置不合格党员工作，保持农村党员队伍的先进性、纯洁性。加强对农村老党员、老干部、老模范的关心帮助，送去组织的温暖。

5. 加大基层基础保障力度

投入问题不单是钱的问题，也是个政治问题，把钱花在巩固党的执政基础上，是用得其所。着力解决基层工作力量不足、基层组织经费不到位、基层干部报酬待遇不落实、活动场所及服务设施不完善等问题，推动人往基层走、钱往基层投、政策往基层倾斜。建立农村基层党建责任清单，明确党委的主体责任、书记的第一责任、相关部门的直接责任，做到人人有责、人人担责。县级党委要发挥"一线指挥部"作用，抓好组织实施；乡、村党组织要守土有责、守土负责、守土尽责，决不荒掉"责任田"。健全以财政投入为主的稳定的经费保障制度，完善村级组织活动阵地及服务设施，建设好、管理好、使用好，使之成为服务党员群众的主阵地。健全考核评价机制，以述职评议考核为抓手，层层传导压力，倒逼责任落实，推动基层党建责任落地见效。组织兴，则乡村兴；组织强，则乡村强。只要坚持以习近平新时代中国特色社会主义思想为统领，不断激活和发展好健全组织、建强队伍、开展活动、完善制度和落实保障这五大要素，村级组织就一定能实现振兴目标，为乡村全面振兴提供坚实有力的政治保障。同时，要积极调动农民群众的积极性、主动性，紧跟新时代，唱响主旋律，真正实现乡村邻里和睦和谐，形成现代乡村社会治理体制，保障乡村社会健康有序发展。

（五）生活富裕

生活富裕既是乡村振兴的根本，也是实现全体人民共同富裕的必然要求。习近平总书记强调，要构建长效政策机制，通过发展集体经济、组织农民外出务工经商、增加农民财产性收入等多种途径，不断缩小城乡居民收入差距，让广大农民尽快富裕起来。生活富裕是当前阶段实现共同富裕的基本形式，它与消除贫困、改善民生、不断满足人民日益增长的美好生活需要一起，充分体现了我国处于社会主义初级阶段的基本国情和主要矛盾；共同富裕是乡村生活富裕的目标导向和价值追求，彰显了中国特色社会主义的制度优势和发展优势。

1. 巩固脱贫攻坚成果，为实现乡村生活富裕奠定基础

生活在贫困线边缘，当然称不上富裕，富裕的生活要摆脱贫困。历史和实践都表明，让贫困地区的农民脱贫既是乡村振兴的"里子"，也是"面子"。发展是甩掉贫困帽子、走向生活富裕的总方式和好路子。当前，要构建长效政策机制，通过发展壮大集体经济、组织农民外出务工经商、增加农民财产性收入、发展新产业和新业态、开展多种形式适度规模经营、鼓励和引导新型农业经营主体延长农业产业链等多种途径，不断缩小城乡居民收入差距，让广大农民尽快富裕起来。发展乡村特色产业，拓宽农民增收致富渠道。巩固拓展脱贫攻坚成果，增强脱贫地区和脱贫群众内生发展动力，为实现乡村生活富裕打好基础。

2. 加强乡村基础设施及人居环境建设，补齐增收短板

乡村基础设施是乡村经济社会发展和农民生产生活改善的重要物质基础，加强乡村基础设施建设是一项长期而繁重的历史任务。开展乡村基础设施建设，必须顺应农村经济社会发展趋势，坚持规划先行、充分发挥规划的统筹指导作用。充分考虑未来一个时期我国工业化、城镇化和农村劳动力加速转移给村庄布局、居住方式、基础设施布点所带来的变化。既要做到尽力而为，努力把公共服务延伸到农村去，又要坚持量力而行，充分考虑当地财力和群众的承受能力，防止加重农民负担和增加乡村负债搞建设；既要突出建设重点，优先解决农民最急需的生产生活设施，又要始终注意加强农业综合生产能力建设，促进农业稳定发展和农民持续增收，切实防止把新乡村建设变成新村庄建设。建立乡村道路、垃圾和污水处理、卫生厕所以及绿化管护等乡村人居环境治理长效机制。

3. 均衡公共服务资源，提升农民生产生活水平

生活富裕还应包括让农民享受公平、均衡的教育医疗资源。不可否认，近年来农村的教育医疗状况得到了很大程度改善，农村学校办学条件和师资力量得到了极大提升。东部沿海发达地区不少乡村还初步实现了建设"15分钟健康服务圈"。但总体上看，当前农村教育医疗水平同农民的生产生活需求以及对美好生活的期待之间，还存在较大差距。这说明，在引导农民追求富裕生活的过程中，还应继续大力发展农村义务教育，探索实施健康乡村战略，推动城乡教育医疗事业一体化发展，全面提高农民生产生活水平。

4. 加强精神文明建设，提升乡村生活品质

生活富裕不仅仅是"口袋富"，还包括"脑袋富"。进入新时代，农民对生活的要求不只是吃饱穿暖，还在于吃得丰富、安全和健康；不只在于住上宽敞明亮的房子，还在于有富足、充实的精神文化生活。因此，在推动乡村振兴过程中，必须正视和回应部分地区农村公共文化式微的客观现实。通过挖掘优秀的民间民俗文化、培养农民文艺骨干、加大农村公共文化设施投入、做实做优"文化下乡"活动等途径，不断做好农村公共文化供给，丰富充裕农民的精神文化生活，让农民真正体会到生活富裕的真谛和价值。

牢牢抓住就业增收这个农民群众最关心、最直接、最现实的利益问题。以确保国家粮食安全为底线，根据地区资源禀赋条件，因地制宜，融合多个产业、多种要素、多方主体、多维支持，发展高效特色农业产业，挖掘乡村特色产业，重视对其资源的开发和利用，不断扩大周边市场，不断接受周边城市的经济扩散效应，吸引劳动力的流入，从而提高农村生产力水平和农业生产效率，增加农民收入，拓宽实现乡村生活富裕渠道。

二、乡村振兴战略的原则

（一）坚持党管农村工作

东西南北中，工农商学兵，党是领导一切的。党对农村工作进行领导，是党对做好"三农"工作的必然要求。战争年代，党带领中国人民走"农村包围城市"的道路，取得了革命的胜利；建设时期，在党的领导下，农业第一产业的地位日

益得到巩固，在国民经济恢复和发展中发挥了重要作用；改革时期，党对农村工作愈加重视，从一系列中央1号文件，到各项惠农政策，无不体现出党对农村工作的重视。

坚持党管农村工作原则，突出农村工作中党的领导地位和作用，是新时期做好"三农"工作的必然要求。坚持党管农村工作的原则，要在实现乡村振兴战略中突出党的中心地位，始终毫不动摇地坚持和加强党对农村各项工作的领导。

基层党组织是党的领导在乡村地区的实际体现。以乡镇党委和村党支部为主要组织形式的基层党组织，应在党领导农村工作方面做到上传下达，在党中央统揽农村工作全局的基础上，积极协调农村建设的各方力量，做好统筹协调，完善领导机制，为乡村振兴提供坚强有力的政治保障。

（二）坚持农业农村优先发展

基于农业的第一产业地位、农村地区在整个国计民生中的重要地位，党中央始终坚持农业农村优先发展的政策。乡村振兴战略实施进程中，工业升级改造，第三产业蓬勃发展，但要始终坚持农业农村优先发展的原则不动摇。

坚持农业、农村优先发展，要坚持把实现乡村振兴作为全党的共同意志、共同行动。全党同志要做到认识统一、步调一致，集中优势力量，不断促进农业发展、农村振兴。乡村振兴战略的实施，离不开资金支持、资源保障，因此，农业农村优先发展的原则，要求中央资金大力支持和优先保障，加大农业农村人才培养力度，为乡村振兴提供充足的资源保障。坚持农业农村优先发展，还要做到在关系农业农村发展的公共服务上优先提供保障，为农业农村发展提供技术支持、制度供给，并多方努力，积极筹措，加快速度补齐农业农村短板。

（三）坚持农民主体地位

目前，中国有5亿多农民，随着城市化的发展，农民的数量还会缩减。但是，农民始终是中国社会中最主要的社会群体之一，在中国经济社会发展中的地位和作用永远不容忽视。乡村振兴战略是为农民谋福利、促发展的战略，是实现农民富裕的战略，因此，乡村振兴战略的实施，应当坚持农民主体地位不动摇，要充分尊重农民意愿。

坚持农民主体地位，就要切实发挥农民在乡村振兴中的积极性、能动性、创造性，把农民的聪明才智充分展现出来，根据自身实际，选择适合的产业、职业、生产经营模式，最大限度地实现增产增收。

坚持农民主体地位，就要坚持把维护农民群众根本利益、促进农民共同富裕作为所有工作的出发点和落脚点，以农民认可不认可、满意不满意作为衡量一切工作成效的标准，要以农民是否实现持续增收作为衡量政策措施成效的标准；坚持农民主体地位，就要通过各项政策实施，使各项工作扎实推进，不断提升农民的获得感、幸福感、安全感。

（四）坚持乡村全面振兴

党中央擘画乡村振兴战略，是乡村的全面振兴。坚持乡村全面振兴战略，就要坚持准确理解和把握乡村振兴的内涵，从农业到农村再到农民，从产业到基础再到生活，关于乡村社会的方方面面都应当得到全面的发展和振兴。

坚持乡村全面振兴原则，就要加强挖掘乡村多种功能和价值，如文化传承功能、生态维护功能、经济建设功能、秩序稳定功能等，让乡村的价值得到充分的彰显。

坚持乡村全面振兴原则，就要统筹谋划农村经济建设、政治建设、文化建设、社会建设、生态文明建设和党的建设，注重协同性、关联性，整体部署，协调推进。具体来讲，在经济上，要促进农村经济结构调整，在保证粮食生产的前提下，发展复合型农村产业经济，确保农村经济稳步快速增长；在政治上，要在党的领导下，认清大局，理解大局，服务大局，在基层政府的直接指导下，全面推进乡村振兴战略；在文化上，要坚持和弘扬优秀民族传统文化和风俗习惯，同时结合时代发展实际，传播新理念，弘扬新精神，使整个乡村文明既传承传统，又与时俱进；在社会秩序建设上，要充分运用自治、法治、德治方式，治理乡村社会秩序，坚持民主管理，增强农民的主人翁意识和责任感，积极投身乡村振兴战略实践；在生态文明建设上，要坚持合理开发利用，坚决杜绝滥砍滥伐，过度开发，维护乡村资源的可持续发展，同时还要加强生态环境整治，为农村居民建设美丽家园；在党的建设上，要始终维护党的领导的核心地位，健全、建强党的基层组织，充分发挥其战斗堡垒作用，做好党的富民惠农政策的宣传员、广播员、战斗员，确保党的方针政策在农村地区落地实施。

（五）坚持城乡融合发展

由于历史及其他方面的原因，城市和乡村的差距一直存在，并有多种表现，这也是农村发展动力不足的原因之一。实施乡村振兴战略，坚持城乡融合发展原则，就是要消除这种差距，实现城市和乡村同步、均等、协调一致地发展的目的。

坚持城乡融合发展原则，要坚决破除体制机制弊端，消除人为设置的城乡壁垒，打破城乡交流的藩篱，探索建立城乡融合的有效实施机制，为城乡融合发展提供制度保障。

坚持城乡融合发展原则，还应当坚持市场在资源配置中起决定性作用，这是社会主义市场经济的本质要求。在市场竞争环境下，农村丰富的人力、物力资源应当有更广阔、更顺畅的适用空间。市场竞争，适者生存。在法治保障下、在制度基础上，优良的资源配置能够有效促进农村经济发展。

坚持城乡融合发展原则，政府要充分发挥作用，主动作为，积极作为。基层政府应当积极协调，为乡村资源向城市流动提供路子；同时，基层政府还应当积极吸纳城市优质资源向乡村地区流转，提供好服务和政策支持，让城市资源有"用武之地"，并借助城市发展的平台和广泛的优势，为乡村发展开辟新的路径。大、中、小各类城市应当破除成见，充分尊重、认可、肯定乡村资源对城市发展的贡献，要切实制订措施，在教育、医疗、居住、就业、社会保障等方面，为乡村资源提供均等机会和服务，确保农村劳动力在城市获得认同和归属感。

只要能够坚持城乡融合发展原则，坚持乡村振兴中的城乡联动，就能够实现城乡间各要素自由流动、平等交换，就能够统筹推动和实现新型工业化、信息化、城镇化、农业现代化的同步发展，就能够在经济社会发展中真正形成工农互促、城乡互补、全面融合、共同繁荣的新型工农城乡关系。

（六）坚持人与自然和谐共生

绿水青山就是金山银山，不能为了金山银山，不要绿水青山。绿水青山是美丽乡村的标志，是乡愁的源头和归宿。实施乡村振兴战略，在实现乡村全面振兴和发展的同时，要始终坚持人与自然和谐共生的原则。

坚持人与自然和谐共生的原则，是因为自然在为人类社会的发展提供丰富的资源的同时，又消解了人类社会发展产生的诸多负担，这是自然对人类社会的贡献。坚持人与自然和谐共生原则，是尊重自然、敬畏自然，也是为人类社会自身的发展和未来着想。

坚持人与自然和谐共生原则，就要坚持落实节约优先、保护优先、自然恢复为主的方针；要始终注意节约资源、杜绝浪费，利用资源还要注意保护资源，避免给自然造成无法弥补的伤害，让自然保持自我修复的能力。坚持人与自然和谐共生原则，就要坚持统筹山、水、林、田、湖、草系统治理，始终严守生态保护红线，以绿色发展引领乡村振兴。

（七）坚持改革创新、激发活力

改革开放40余年来，农村地区获得了飞速发展，发生了翻天覆地的变化。如何在新的历史时期实现更加优质、更加快速的发展，乡村振兴战略做出了回答。要实现乡村全面发展和振兴，就要坚持改革创新，激发活力。

坚持改革创新、激发活力原则，要求不断深化农村改革，推动农村生产经营、产业调整升级向深层次推进，发展新种植业，开发高附加值产业；还要持续扩大农业对外开放，发展外向型农业，通过不断提升品质，增强农业产品的国际市场竞争力。坚持改革创新、激发活力原则，要注意激活乡村振兴的主体，激活乡村社会各种积极要素，激活乡村、城市、国际市场，通过对各方积极力量的调动，促使其投身乡村振兴。坚持改革创新、激发活力原则，要坚持"科学技术是第一生产力"，注重加大科技研发和利用，不断加大科技投入，以科技创新引领和支撑乡村振兴，不断引进人才，培养人才，以人才汇聚推动和保障乡村振兴，增强农业农村自我发展动力。

（八）坚持因地制宜、循序渐进

我国的国土面积相当大，乡村地区又占其中的绝大部分。乡村地区从南到北、从东到西，呈现出非常大的地区差异。北方夏热冬冷，气温年较差非常大，且年降水量较少，土地较为平整，肥沃，大面积地块多；南方夏热冬暖，气候湿润，降水多，丘陵地区特征明显。东部地区气候较为湿润，水资源丰富，以平原为主，农业农村发展基础好；西部地区则气候干旱，全年少雨，水资源严重短缺，土地贫瘠，生产生活条件恶劣，基础差。这就决定了我国农村地区的振兴和发展不可能建立一个完全统一的标准、通用的模式。因此，乡村地区的发展和振兴必须立足于实际。在实施乡村振兴战略过程中，应当结合当地自然环境、土地资源、生活习惯、生产传统等现实，始终坚持因地制宜、循序渐进的原则，走适合本地区发展实际的振兴之路。

坚持因地制宜、循序渐进原则，就要科学把握乡村的差异性和发展走势分化特征，做好顶层设计，注重科学规划，因地制宜，因势利导；坚持结合地区差异分类施策，必要时可以一地一策；坚持突出重点，体现本地特色。坚持因地制宜、循序渐进原则，还要特别强调真心而为、尽力而为，坚决杜绝为了完成任务而应付差事、敷衍了事的行为。乡村振兴是一个循序渐进的过程，具有持续性、长久性特点，杜绝急躁冒进、不讲科学、不顾实际的做法。坚持因地制宜、循序渐进原则，各级政府、各类组织要杜绝任何层层加码行为、不顾实际的一刀切行为，更要杜绝和查处形式主义和形象工程。此外，那些对上敷衍塞责、对下瞒哄欺压的人，更要严厉查处，为乡村振兴战略实施营造风清气正、积极向上的环境。

第四节　乡村振兴战略的意义

乡村兴则国家兴，乡村衰则国家衰。乡村地区占了我国国土面积的绝大多数，解决好当前我国社会人民日益增长的美好生活需要和不平衡不充分的发展之间的矛盾，关键在于促进农业振兴、农村发展、农民幸福。党中央"两个一百年"的奋斗目标指出：第一个百年，到中国共产党成立100年的时候，全面建成小康社会；第二个百年，到新中国成立100年的时候，建成富强、民主、文明、和谐、美丽的社会主义现代化强国。现在党中央正领导全国人民向"第二个百年"目标迈进。

"小康不小康，关键看老乡。"党中央部署、实施乡村振兴战略，正是推动社会主义现代化强国建设的重大战略举措，更是早日实现中华民族伟大复兴的重大战略举措。

一、建设现代化经济体系的重要基础

农业是国民经济的基础，农村经济是现代化经济体系的重要组成部分。农业在国民经济中的基础性地位，一直为党中央肯定。无论是百废待兴的建设时期，还是快速发展的改革时期，"三农"问题始终是中国共产党领导事业的重点问题。

农业丰则基础强，农业是中国社会发展和经济发展的基础。农业为工业的发展提供原材料、提供发展动力。社会生产的发展首先开始于农业，在农业发展的基础上才有工业的产生和发展。我国能够用占世界不到10%的耕地，养活占世界20%的人口，创造出举世瞩目的世界奇迹，农业的重大贡献不容否定。

乡村振兴战略要突出农业的基础性地位，这是全面建设社会主义现代化国家的必然要求。要实现农业的发展和振兴，一方面要加大科技投入，坚持以粮食种植为中心；另一方面，要加快产业结构调整，促进农业产业升级。只有实现农业产业兴旺，才是抓住了乡村振兴的重点。

实现农业产业兴旺，构建现代农业产业体系、生产体系、经营体系，实现农村一二三产业深度融合发展，必将会增强我国农业创新力和竞争力，为建设现代化经济体系奠定坚实基础。

二、建设美丽中国的关键举措

习近平总书记强调要"看得见山，望得见水，记得住乡愁"[①]。这一美好理想是中国人的共同期盼，实现这一美好理想，乡村振兴是关键的战略举措。

从前，乡村地区的生活环境并不理想，普遍的情况是"垃圾靠风刮，污水靠蒸发；牲畜遍地走，粪便随处拉；家里现代化，屋外脏乱差"。这样的环境，不要说吸引游客来此观光旅游，就是农村居民自己对此也多有怨言。脏、乱、差的生活环境不仅不利于生活，更不利于农村的全面发展。在乡村振兴战略规划中，农村人居环境整治是一个重要内容。

党中央提出要建设生态宜居的美丽乡村，从垃圾清理、水资源保护、人居环境整治等方面进行了详细的部署，包括农村厕所革命，更是美丽乡村建设的重要方面。农村"厕所革命"也是乡村居住环境改造的重点。厕所的改建，是农村居

---

① 赵皇根，宋炼钢，陈韬. 振兴乡村旅游理论与实践[M]. 徐州：中国矿业大学出版社，2018.

民传统生活习惯的改变，是农村生活环境的改善。在习近平总书记看来，"厕所革命"关系到农民素质的提升、关系到农村社会文明的进步。

农村美，中国美。美丽、宜居的乡村是中国人的精神家园，是中华文化的生长根基；美丽乡村的图景，是农村居民生活富足后对生活质量提出的更高要求和目标。乡村地区生态资源丰富，是建设美丽中国的深厚基础。党中央提出要实现乡村地区的生态宜居，统筹山、水、林、田、湖、草系统治理，实现山清、水秀、林密、田肥、湖绿、草丰，实现美丽乡村建设目标。

三、传承中华优秀传统文化的有效途径

中华文明根植于农耕文化，乡村是中华文明的基本载体。中国人对土地怀有深厚的感情。春夏秋冬，四季轮回，中国人在黄土地上生生不息，让中华民族不断发展壮大，走向富强文明。

中华文明得到了黄土地源源不断的滋养。那些口耳相传的乡俗民风，是中华文明的有机组成，是中国人记得住的乡愁，即使在现代科技和现代文化不断创新的当下，乡村文明依然在中国人的血脉中延续着。创新乡贤文化，弘扬善行义举，以乡情乡愁为纽带吸引和凝聚各方人士支持家乡建设，传承乡村文明。乡贤在漫长的中国乡村文化传承中发挥了重要的作用；由此形成的乡贤文化凝聚了一方百姓，连接着故土，维系着乡情，成为中华文明的一座丰碑。"新乡贤文化"概念的提出，是新的历史时期赋予传统乡贤文化以时代内涵，赋予新乡贤以时代责任，是对传统乡村文明的升华。

乡村振兴战略是综合性的战略，产业结构的调整和升级，新型产业的兴起和兴盛，为那些有识、有志之士反哺家乡、投身乡村建设提供了机遇。这不仅能够大力促进乡村地区的发展，同时也是传承中华民族优秀文化的有效途径。乡村文化是乡村文明的有机组成部分，是沉入中国人血脉中、一直存在并延续的文明基因。在乡村振兴战略的规划和实施中，要对乡村文明的传承、文化载体的续存予以重视。

乡村振兴，乡风文明是保障。传统中国乡土社会中蕴藏着许多丰富、朴素且多彩的传统观念，如"远亲不如近邻"的和谐邻里关系，如兄弟同心的家庭关系，如互帮互助的淳朴乡风，等等。这些朴素、充满乡土气息的文明乡风，使得乡村

社会充满了浓浓的乡情、乡愁，是每个从乡村走出的人拥有的、不可磨灭的深厚的朴素情感。实施乡村振兴战略，使这些扎根于农耕文明、传承于家长里短的朴素情感焕发了新的活力，展示了其强大的生命力，为实现有效的发扬和传承提供了广阔的平台。乡村战略的实施，能够深入挖掘广袤黄土地上优秀的思想观念、人文精神、道德规范，能够让这些朴素而优秀的观念、情感、精神、理念得到发展、传承。

四、健全现代社会治理格局的固本之策

"基础不牢，地动山摇。"乡村地区的面积、乡村地区的人口数量，乡村社会在发展中所面临的突出矛盾，乡村秩序建设中所遇到的阻碍，都决定着我国社会治理的基础在基层，薄弱环节在乡村。究其原因，在于乡村社会的管理、治理体制，与社会传统管理体制不同。

中华人民共和国成立后，在乡村地区建立起人民公社体制，在乡村地区实行"人民公社—生产大队—生产队"的行政管理体制，在当时社会背景和生产力水平、机械化水平较低的情况下，能够快速集聚起劳动力，以集体的力量发展生产，解决中国乡村长期期盼的吃饱穿暖的问题。但这种管理模式的不足和缺陷已经在实践中逐渐暴露。因此，1980年2月，广西宜州市合寨生产大队的生产大队长蒙广捷和韦焕能等人作出勇敢的探索，通过民主选举，由果作村全体村民选举建立了中国第一个村民委员会——果作村村民委员会。果作村委会不等不靠，依靠自身力量，自我管理，自我发展，自我服务，开启了乡村地区管理的新体制、新格局。此后，全国各地开始探索实践，学习果作村的经验，建立起本地区的村民委员会。这种大胆的探索实践也得到了党中央的充分肯定和大力支持。

1982年4月，主持宪法修改工作的彭真在《关于宪法修改草案的说明》中指出，村民委员会是我国长期行之有效的重要组织形式。实践证明，搞得好的地方，它在调解民间纠纷、维护社会秩序、办好公共事务和公益事业，搞好卫生等方面都起到很大作用。这次将它列入宪法修改草案，规定它是群众自治性组织。村民委员会从1980年起开始探索、发展的实践，经过两年的摸索，在1982年制定《宪法》的时候，就正式赋予村民委员会合法的地位，写进《宪法》第111条，我国

正式在乡村地区建立起村民自治制度，也为村民委员会在全国范围内广泛的建立提供了法律保障。

村民委员会自建立以来，就成为乡村社会治理的中心，带领乡村居民进行民主决策、民主管理，带领乡村居民谋发展，谋幸福，作出了突出的贡献。但在新的历史时期，在新形势下，如何推进乡村地区改革的深化，如何在新老社会矛盾交织的情况下实现乡村地区的进步和发展，如何破解当前乡村社会治理中面临诸多新情况、新问题，都需要乡村社会探索治理的新思路、新模式。乡村振兴战略的规划和实施，为乡村地区的社会治理创新奠定了基础，能够确保实现乡村地区治理有效目标的实现。

乡村振兴，治理有效是基础。乡村地区治理有效，需要在继续坚持村民自治制度的前提下，建强乡村地区两委（基层党支部委员会、村民委员会），加强乡村地区治理的组织领导，在党的领导下，在各级政府的政治保障下，健全自治、法治、德治相结合的现代化治理体系，以确保广大农民安居乐业、农村社会安定有序为目标，整合各方治理力量，形成共建、共治、共享的现代社会治理格局，实现乡村社会治理体系和治理能力现代化。

五、实现全体人民共同富裕的必然选择

小康社会目标的实现，要求农业强、农村美、农民富，要求亿万农民内心体会到获得感、幸福感、安全感。乡村振兴，目标在于实现乡村地区的富裕、富足；同时，这也是实现乡村社会秩序稳定的必然要求。因此，实现乡村振兴，乡村居民的生活富裕是根本。

长期以来，乡村地区各方面均落后于城市。不论是乡村社会基础建设，还是乡村居民的个人收入；不论是乡村基本生活条件和生活环境，还是乡村社会基本服务提供，这些差距都是实实在在存在的。这些差距，不仅制约着乡村地区的发展，同样制约着整个社会的发展。实施乡村振兴战略，实现乡村发展和振兴，实现乡村地区的富裕，是全面建成社会主义现代化强国的必然要求。

实施乡村振兴战略，实现乡村地区的富裕，需要不断拓宽农民增收渠道。党中央谋划全体人民共同富裕，谋划全面建设社会主义现代化国家宏伟目标，农村

是基础，农民是关键。乡村振兴战略，为农业产业结构调整、农业产业体系升级、新兴产业发展作出了详细的规划和部署，为实现乡村地区的富裕奠定了基础。从先富带动后富，到实现全社会的共同富裕，乡村振兴战略所部署的各项举措、提出的各项要求，为实现乡村社会的富裕、为实现全体人民的共同富裕奠定了基础。

第二章 乡村人才振兴的理论框架

乡村人才是实施乡村振兴战略的主力军，实现乡村人才振兴，是确保乡村振兴的关键所在。本章内容为乡村人才振兴的理论框架，主要论述了四个方面的内容，分别是乡村人才振兴概述、构建乡村人才振兴的整体性治理框架、强化乡村人才振兴的制度性供给体系，以及优化乡村人才振兴的资源性统筹内容。

第一节 乡村人才振兴概述

一、乡村人才的内涵

从理论上讲，乡村人才振兴建立在人力资源开发的基础上，是一个国家或地区根据实际情况和发展需要，对所辖范围内的乡村人才进行教育、培训、健康保障等一系列活动，达到合理规划乡村人才、提高乡村人才综合素质水平，并不断促进乡村人才的合理配置，最终实现乡村振兴战略这一目标的过程。

二、乡村人才存在的问题

近年来，我国不断加大人才队伍培养的投入力度，在农村实用人才、高素质农民、大学生村官、科研杰出人才等方面，取得了阶段性成果。但从总体来看，我国乡村人才仍存在总量不足、结构不合理、培养模式不完善等问题，这些问题也成为影响乡村振兴的主要因素。

（一）乡村人才总量不足

近年来，各级农业部门及相关部门多措并举，大幅提高了乡村人才培养的数量和力度，但培养总量与新时代乡村振兴要求仍有差距。一是人才总量不足。随着社会发展和科技进步，农业农村经济发展对于人才的需求越来越大，当前有限的培养规模及较长的培养周期难以满足持续增长的人才需求，造成我国乡村人才总量不足的问题越发突出。资料显示，2020年年底我国农村实用人才总量约为2254万人，但在乡村就业人员总数中的占比仍有待提高。二是后备力量不足。城市化进程、高校扩招等原因让农村人有了更多的选择机会，农村劳动力特别是青壮年不断流向发达城市，乡村人才向非农领域流失现象严重，农业农村后备人才不足。

（二）乡村人才队伍结构不合理

长期以来，乡村人才队伍结构不合理始终是制约我国农村经济社会发展的不利因素，主要体现在结构不科学和分布不均衡两个方面。结构不科学表现为乡村人才梯队存在断层，即高层次、高素质人才普遍短缺，中级、初级专业技术人才相对数量较多，传统学科人才较多，新兴学科人才较少；单一生产型、技术型人才较多，集生产、技术、经营、管理为一体的复合型、创新型人才数量较少。从高素质农民受教育程度分析，呈总体文化程度不高、以初中文化程度为主的特质。

分布不均衡体现在东南部地区及大中城市乡村人才资源相对丰富、素质较高，中西部地区人才资源较少。同时，从事农业科研开发、技术推广和经营管理的高层次乡村人才，主要集中于行政机关、事业单位、企业或高校，这类人才在乡村基层极度缺乏。

（三）乡村人才培养模式不完善

近年来，我国高度重视乡村人才培养工作，出台多项政策大力培育高素质农民、加强农村专业人才队伍建设，每年分层分类培训人员超过100万人次，取得了一定成效。但在人才培养模式上仍有诸多急需完善之处。具体来说，一是乡村人才的培育能力欠缺，表现在培育投入不足、力度不够。乡村人才培育工作繁杂，需要人力、物力、财力等多方面持续性投入。二是对农村基础教育和职业教育重视不够，基础教育方面师资薄弱、设施陈旧，高素质人才流失严重，影响农村青少年成长成才。三是人才培养模式创新不足，服务保障能力不足，高等院校、科研院所等智力集中地区的资源没有得到充分利用，统筹不足；人才应用方面激励不足，保障有限；培养乡村振兴专业化高端人才周期较长，存在流失风险。

三、乡村振兴战略下乡村人才振兴的意义

"致天下之治者在人才。"人才是实现民族振兴、赢得国际竞争主动的战略资源。人才作为人力资源中具有一定的专业知识或专门技能、能力和素质较高的劳动者，是经济社会发展的第一资源，是衡量一个国家综合国力的重要指标。2010年6月，中共中央、国务院印发《国家中长期人才发展规划纲要（2010—2020年）》，提出了"服务发展、人才优先、以用为本、创新机制、高端引领、整体开发"的人才发展指导方针。习近平总书记多次强调人才问题，将人才强国和科教兴国、创新驱动发展战略一道摆在国家发展全局的核心位置，提出了一系列新思想、新论断、新要求。

乡村人才是强农兴农的根本。乡村振兴要靠人才、靠资源。要着力抓好招才引智，促进各路人才"上山下乡"投身乡村振兴。要把人力资本开发放在首要位置，畅通智力、技术、管理下乡通道，造就更多乡土人才，聚天下人才而用之。要大力培育新型职业农民，加强农村专业人才队伍建设，发挥科技人才支撑作用，鼓励社会各界投身乡村建设，创新乡村人才培育引进使用机制。要推动人才振兴，把人力资本开发放在首要位置，强化乡村振兴人才支撑，加快培育新型农业经营主体，让愿意留在乡村、建设家乡的人留得安心，让愿意上山下乡、回报乡村的人更有信心，激励各类人才在农村广阔天地大施所能、大展才华、大显身手，打造一支强大的乡村振兴人才队伍，在乡村形成人才、土地、资金、产业汇聚的良性循环。2021年，中共中央办公厅、国务院办公厅印发了《关于加快推进乡村人才振兴的意见》，成为乡村人才振兴中纲领性的指导意见，并指出乡村振兴，关键在人。

现阶段，我国社会主要矛盾已经转化为人民日益增长的美好生活需要和不平衡不充分的发展之间的矛盾。不平衡的一个突出表现是城乡发展不平衡，不充分的主要问题是农业农村发展不充分。从现有情况来看，我国乡村人才状况远不能适应当前农村新产业新业态层出不穷、一、二、三产业加速融合、生产经营模式

不断创新的大背景，与建设富强民主文明和谐美丽的现代化强国要求相比还有较大差距。因此，加大人才培养力度，尽快实现乡村人才振兴，是摆在我们面前的一项紧迫任务。

第二节 构建乡村人才振兴的整体性治理框架

一、整体性治理的内涵

（一）内涵提出

整体性治理就是以公众需求为治理导向，以信息技术为治理手段，以协调、整合为治理机制，以跨越组织功能为边界，在政策、规章、服务、监督四个方面，对治理层级、治理功能、公私部门关系及信息系统等方面的碎片化问题进行有机协调与整合，使公共管理不断从分散走向集中，从部分走向整体，从破碎走向整合，为公众提供无缝隙、非分离的整体性服务。整体性治理充分体现国家治理的包容性、整合性。

整体性治理理论是西方社会特定历史阶段下的产物，反映了西方公共行政发展的方向及演变，是政府治理理论在20世纪90年代末以来的一大创新。这一理论最初由新公共服务的代表人物佩里·希克斯于20世纪90年代末提出。当时的西方社会进入了后新公共管理时期，政府实行传统官僚制体制，重视政府的功能导向，致使政府职能重复分散，政府治理处于相对碎片化的状态。为解决这一问题，希克斯对整体性治理进行研究，先后提出了整体性政府、整体性治理思想，使得整体性治理理论框架体系逐步完善健全。1995年，希克斯在《文化治理》一书中指出英国保守党的治理问题，即在经济及效率考量下长期对人性的怀疑，造成公众不信任感，有碍公共服务整合，造成公共支出增加，随后又在《新企业文化》中指出要建立一种新的企业家精神。希克斯初步有了对于整体性治理的构思，但尚未提出完善的理论体系。1997—1999年，希克斯撰写了《整体性政府》《圆桌中的治理——整体性政府的策略》两本书，奠定了整体性政府理论的主体框架。他认为英国政府所存在的一大问题是功能性分裂，即政府内部职能部门存在着一定程度的割裂与低效，导致协调不力、财政资金紧张的问题。对此，他在《整体性政府》中提出要重构政府，使其向着整体性方向发展。《圆桌中的治理——整体性政府的策略》则系统性地对整体性政府的构建策略与实施工具进行分析，使得整体性政府理论逐步完善。2002年，希克斯所著《迈向整体性治理》将关注重点从政府内部转向政府与市场、社会的三者关系，从而使得整体性政府理论转变为相对完善的整体性治理理论体系。

作为整体性治理理论的主要提倡者，希克斯整体性治理主要针对碎片化治理带来的一系列问题，整体主义的对立面是碎片化而不是专业化。碎片化原意为原本完整的东西破碎成诸多零块，后被广泛推广应用于描述社会治理机制上所存在的问题。

（二）功能因素

"整体性治理着眼于政府内部机构和部门的整体性运作，主张管理从分散走向集中，从部分走向整体，从破碎走向整合。"[①] 整体性治理是针对传统政府治理过程中碎片化问题所形成的创举，能够极大增强政府的协调能力、整合能力以及公众的政府信任度。

1. 增强政府的协调能力

协调是政府管理的重要职能，传统政府治理困境出现的原因在于政府协调职能失效。一方面，日益多样化的社会发展需求与民众利益诉求要求政府协调机制更加具有灵活性、现代性、多样性，但是传统的政府治理所秉持的相对僵化的官僚体系致使政府协调过程中无法避免矛盾冲突；另一方面，现代社会的进步使得政府内部分工更加趋于专业化，机构组织体系的日益庞大使得政府内部各部门的协调存在着一定的时滞性与不协调。一系列问题致使传统政府的治理相对分散化与碎片化，政府协调职能无法顺利发挥。整体性治理视角则要求政府在治理过程中能够化解公私部门认知上的矛盾，提升政府的协调能力。

2. 提升政府的整合能力

协调与整合是政府整体性治理的两个重要关键点。协调致力于认识问题、达

---

① 张良. 从管控到服务 城市治理中的"城管"转型[M]. 上海：华东理工大学出版社，2016.

成共识；整合致力于解决问题、达成治理目标。本质上，整合以协调为基础，通过现代化的信息技术手段，以各方主体的一致性行动为目标，使政府的整合能力有所提升。

3. 加大公众的政府信任度

公私部门与政府机构内部良好的信任关系是保障政府整体性治理的前提与关键。传统的政府治理体制与现代发展方式难以相容，因此在进行政府治理的过程中出现低效甚至失灵的状况，导致公众对政府的信任度下降。而整体性治理以满足公众的整体需求为导向，通过现代化的管理体制机制，提升政府的治理效率，公众的政府信任度也会随之提升。

二、乡村人才振兴整体性治理的现实困境

（一）治理主体碎片化

"人"是乡村振兴中最重要的要素，也是乡村人才振兴中最关键的因素。乡村人才振兴不可避免地涉及多样化的治理主体，如政府、集体组织、村民个人、新农人、企业等。实际上各主体的利益诉求是不一致的，乡村人才振兴整体性治理的难点就在于需要满足多元主体的发展需求。从政府视角来看，政府一方面作为乡村人才振兴的引领者，要发挥好引领作用，但另一方面作为乡村人才的聚集区、服务区也具有相应的治理需求；从集体组织视角来看，以村委会为代表的集体组织在乡村治理中的管理职能逐步弱化，行政职能则愈加凸显，其权威性不足致使对乡村人才振兴"有心无力"；从村民个人视角而言，村民参与乡村振兴的积极性与主动性不足，是其自身发展能力有限而致。

（二）制度体系碎片化

广义的制度，是指经过实践发展，在政治、经济、文化、社会等领域形成的管理体系或管理规则。狭义的制度，是指组织所有成员共同遵守的具体的行为准则，如奖罚制度等。自乡村振兴战略正式提出以来，各地开展了广泛试点行动。乡村人才振兴作为乡村振兴战略中重要的一环，在制度体系建设上仍然存在着一定程度的割裂性与碎片化问题，主要体现在两大方面。一方面，主要表现在正式

制度体系建设上：在宏观治理制度体系上，乡村人才振兴并未出台宏观性调控管理政策，乡村人才振兴建设始终停留于概念层面；在各地区乡村人才振兴的微观建设上，各地区政府为更迅速地完成相应的建设工作出台了各具特色的人才制度体系，但是不同地区的制度体系难以兼容，存在着一定的"地域性"问题。另一方面，碎片化问题还表现在非正式制度体系的建设上：城市与乡村一直作为中国社会的天平两端被比较，城市对人才具有巨大的虹吸效应，而当下乡村人才振兴既需要将当地农民转化，选择有能力有技术的农民将其发展成为乡村振兴的中坚队伍，又需要吸引外来人才，但是乡村文化的吸引力不足、乡村人才振兴正式体制的不统一，使得乡村人才振兴的非正式制度难以有效发挥作用。

（三）运行机制碎片化

机制，泛指一个工作系统的组织或部分之间相互作用的过程和方式，其本身是抽象的，需要借助政策、规划、方案、制度等形式来实现。乡村人才振兴运行机制是保障乡村人才振兴政策及其制度顺利实施运转的关键。但是乡村人才振兴运行机制存在着一定的碎片化与割裂化现象，主要体现在以下几方面：一是育人机制不健全。乡村人才振兴的育人机制主要是指乡村本土人才的培育计划，目的是将乡村本地人才转化为懂农业、爱农村的职业农民，但现阶段的育人机制面临着农民主体意识薄弱、传统宗族关系禁锢农民主体思想发展等问题，而且城乡发展水平的差距致使大量农村劳动力外流，农民对于农村发展的信心不足。基层民主参与有限。二是引人机制吸引力不足。引人机制所面对的主要人群大多是外来人才，但实际上针对外来人才的激励机制成效是有限的，这一方面是因为激励机制本身的激励效果有限，不足以留人；另一方面，乡村的公共服务体系与城市相比仍然存在较大的差距，激励效应不足以抵消生活上的不便捷。三是用人保障机制平台建设不足。无论是将本地人才转化为职业农民，还是吸引外部人才，都需要后续建设相关的平台来推动其成长转型，但目前我国在乡村振兴平台建设上仍存在着较大缺陷，相应配套的资金、政策、环境建设都很难得到保证，人才在乡村进行创新创业存在着较大的风险。

（四）治理要素碎片化

乡村资源要素具有多元性，具体包括自然资源、空间资源、人文资源等。乡村人才振兴治理要素也呈现出多元化特征,但这在一定程度上导致了治理碎片化的现象:一是土地资源碎片化。土地资源碎片化主要是指目前的乡村大多还是以小农生产经营为主,土地资源整合不足,规模化的生产经营受限,致使其在进行大规模或创意性农业生产经营活动时功能发挥不足,无法体现现代农业的多功能特性。二是资金资源碎片化。资金资源碎片化主要是指目前财政涉农资金"撒胡椒面"的碎片化现象突出。一方面,尽管惠农政策多样化,但是真正用于乡村人才振兴的资金较少且效果有限;另一方面,中央、省、地方面对各地多样化发展的人才振兴项目,仅依据自身意愿提供支持资金,并未形成规范化、标准化的资金拨付标准体系与监管体系,所以导致乡村人才振兴资金使用杂乱无序,乡村人才振兴的长效治理机制无法形成。

(五)信息技术碎片化

信息技术的发展在一定程度上推动了整体性治理理论的出现。信息技术的发展对整体性治理及其运作方式有深刻影响,信息技术的进步使治理从部分走向整体,从分散走向集中,从碎片走向整合。信息技术为乡村人才振兴提供了技术保障,从引入人才到人才留用,信息技术都在发挥作用。从人才需求到人才供给的过程,信息不准确、不全面、不对称会影响决策的精准性、及时性和效果。

当前乡村信息技术发展的程度还落后于城市,在人才方面主要表现在:一是乡村人才数据库建设滞后且未形成层级的精细化管理。目前,大数据运用广泛,已在政府公共事业、互联网、电子商务中发挥关键作用。事实上,在乡村人才数据库完善基础上,大数据可以用于人才识别、人才评价和考核等发面。当前,因为乡村人才数据库建设落后,要想发挥大数据分析的功能,还要在扩大数据基础、深挖数据联系以及提供人才分析等方面发力。二是政府部门间横向沟通不够,信息共享程度不高。参与人才振兴过程的主体通常有党委组织部、乡村振兴局、农业农村厅、科技厅等,各个部门使用软件的开发方有差异,系统信息不兼容,彼此间的数据互通和共享程度不高。各部门对人才信息的掌握各有侧重,真实情况反馈受阻,容易产生信息资源浪费,人才的供需也容易错位。三是信息技术的运用范围不广,维护和更新不够。除了在人才数据上的运用,信息技术还可以运用于基础设施建设、社会化服务、人才培训过程等方面。信息技术所提供的智能便捷的服务更符合当前青年人才的需求。但是，重建设而轻维护的现象也时有出现，缺乏必要的维护和更新是不利于信息技术继续发挥作用的。

三、整体性治理的政策启示

由于乡村振兴战略的提出，资源向乡村流入，为我国乡村发展带来了新契机。乡村振兴战略是一个系统工程，以往碎片化、单一化的治理已无法满足乡村振兴的需求，而整体性治理与乡村人才振兴在联合多元主体、实现多部门联动、达到公共效益最大化的目标上是契合的。针对当前乡村人才振兴出现的治理碎片化的障碍，我们需要从主体、制度体系、机制、资源要素、信息技术五个层面切入，整体、有效地实现乡村人才振兴。

（一）主体层面：联合多元主体，共建多元共治网络

整体性治理理念区别于传统的管理观念，不仅以政府为中心，还关注政府部门间、政府与外部公私部门间的联系，注重发挥社会力量和市场的辅助作用，旨在让公共服务更具效率和质量，通过协调、整合的方式让参与的各个主体形成统一的服务机制。当然，政府在资源整合控制、协调公共服务等方面，仍是占据中心地位的。因此，要坚持党和政府的主导地位。在党的层面，强调党管人才的原则，从宏观战略、制度、政策上做好布局和整合。在乡村人才振兴中做好乡村干部队伍建设，紧抓干部队伍的能力和作风建设，探索优秀高校毕业生到村任职、机关干部到村任职的方式，借助外来新生力量助推乡村人才振兴。在政府层面，作为乡村振兴的总负责方，政府应营造宽松、良好、和谐的社会环境，加强高质量的人才制度供给、消除现有制度机制的弊端，制订及时有效的政策，实现资源的优化配置。具体来说，政府应创新职业技术教育制度、职称评价制度等制度；提供良好的福利保障，尤其是在医疗、教育、户籍等方面；加强文化宣传，更新城乡观念，优化乡村创业就业环境，让人才下沉到农村；搭建多样化的平台，吸引资本下乡等。在农民层面，农民是有能力成为乡村人才振兴的主力军的。要把提高农民整体素质作为基础工程，促进农民整体素质的提高，为农民全面发展提供基础，同时推动农民转变观念，树立主体意识，自觉投入乡村人才振兴建设活动。另外，对于外来人才，当地村民应给予充分尊重，营造良好的人文环境，帮助人

才适应乡村环境并留下为乡村作贡献。社会组织、团体、企业等也是推动乡村人才振兴的重要主体，需要积极参与发挥协同管理作用，承担相应的社会责任。涉农高校是乡村人才培养的主渠道，可增设与乡村振兴新业态相匹配的涉农专业，支持订单和定向培养方式，承担乡级干部的培养任务等。企业可结合自己的发展规划，为人才培训提供实践基地，带动合作社、家庭农场发展。

（二）制度体系层面：建立健全乡村人才制度体系

制度能对人类的行为产生规范作用，也能为乡村人才振兴提供根本保障。整体性治理理论强调制度化的重要作用，认为加强法律、宪法、管理三方面的制度建设能确保整体性治理责任的落实。本书认为乡村人才振兴一方面要打破原有制度的限制，加强高质量的制度供给，另一方面要有机融合正式制度和非正式制度，打破城乡二元结构、国家选拔性教育体制等，即从资源合理配置的全局出发，明确人才流动的目标，畅通城乡人才流动格局；既要抓乡村人才建设也要在建设城市人才队伍、人才结构优化等方面发力，城乡人才同时发力，再合理流动，才能实现人才的自由流动。制度保障方面，职称评价制度、社会保障制度、新型职业农民资格认定制度、人才考核评价制度都是当前亟待完善的环节。制度的供给需要发挥政府总领全局、协调多方的作用，也需要关注乡村真实的人才需求及所储备的人才数量与类型。因此，在做好核心制度供给的同时，也需要完善相关配套制度。另外，在人才振兴中，"乡贤""新乡贤"的出现和引入，正是中华传统文化中"落叶归根""见贤思齐、崇德向善"等思想和价值追求在发挥作用。从这个角度来谈，在制订正式制度时，可充分参考非正式制度具有的持久性和潜移默化的特点，强化对乡村的认同感，发挥村规民约、传统文化、风俗习惯、家风家规的积极作用，增强人才对乡村的信任感，引导人才回流和吸引外来人才。

（三）机制层面：协调多种合作关系，促进系统机制构建

机制的含义较为抽象，是一种在经过检验、证明有效的基础上再加工、总结、提炼和理论化的，用来指导实践的方式、方法，其中包含制度因素，需要依靠多种方式来加以落实。当前，我国乡村人才振兴在引进、培育、使用、管理、评价等环节都存在实践与思想认识脱节的问题，这种现象一定程度上就源于人才振兴的系统机制的不完善。因此，首先要解决好"乡村人才从哪儿来"的问题。一是

完善乡村人才内部培育机制,从现有的人才中深挖潜在的人才资源,重视传统技艺人才、乡村治理人才,在对人才进行精准识别后再进行不定周期的培训,培训方式、培训内容和培训主体要根据人才类别进行调整、更新。二是完善乡村外部人才引进机制。重点紧盯本地户籍人才,鼓励外出的有影响力、发展成熟、文化素质较高的企业家、大学生、退役军人等下乡返乡创业。从提供优惠政策、搭建发展平台、简化行政审批流程、改善公共服务水平等方面共同发力,吸引人才。其次,解决好"乡村怎样留住人才"的问题。一是完善乡村人才管理机制。根据人才分类对人才信息进行登记,颁发人才证书,建立乡村人才数据库。二是健全乡村人才评价机制。要依据每类人才的特点,考虑人才类别在职称评价上的差异,制订一整套行之有效的评价制度。三是完善乡村人才保障机制。做好均衡城乡公共服务、提供创业补贴和风险防控服务、明晰权责与监管等几方面的工作。最后,解决"怎么使用乡村人才"的问题。制订专业人才、科技人才等类别的人才统筹使用制度,联合政府、高校、企业、社会组织等多元主体的力量,为乡村提供人力资源保障;供给项目、搭建平台为人才发展提供施展机会,使人才工作能力得以体现,成就感得以增强,从而更充分地发挥人才的专业能力。

(四)资源要素层面:整合串联资源要素,发挥核心作用

乡村人才振兴中涉及的资源要素有信息、基础设施、资金、文化、环境、技术、政策、土地等,这些要素的合理、有效投入对人才的"引育用留"发挥着重要作用,但当前资源的碎片化投入,让原本该发挥出的经济效益、社会效益都大打折扣。因此在乡村人才振兴的过程中,促进城乡资源的流动是关键。城镇资源向乡村转移的过程较为复杂,一是需要遵循市场经济规律和考虑我国对资源的宏观调控,让资源可持续流动。从宏观角度来看,财政资源要素应优先向"三农"的投入倾斜,从改善乡村基础设施做起,再到营造文化氛围,提升乡村的硬件和软件环境。加快户籍制度和产权制度改革,打破户籍、身份、土地及住房的限制。搭建城乡人才流通的平台,加强与外出人才的联系。二要正确处理好政府和乡村的关系,政府和乡村都要在守好自己职能边界的同时,相互合作,形成合力。政策性人才引进是一种方式,但还是要考虑乡村真正的需求,供需匹配才有利于人才的可持续发展。乡村在深挖本地人才方面也要投入时间与精力,充分发挥情感因素对人才的牵引力。三是资源要素的投入要有所侧重，先流向重点区域、亟需领域，再通过以点带面的形式，提高资源的流动效率。

区域间差异大，乡村人才需求各异、需求紧急程度也存在差异，在需求紧急程度相同的情况下，人才供给可优先考虑产业基础、社会治理、生态环境较好的乡村，人才得到锻炼后再向其他乡村流动。

（五）信息技术层面：打破主体信息壁垒，构建数据共享平台

正如英国学者登力维强调的，信息技术处在许多公共管理的中心位置，政府信息技术是现代化变革的中心。信息技术的发展，降低了信息获取的成本，使跨越组织界限沟通、交流和合作成为可能，信息共享也增进了组织间的了解，让整体性运行更加顺畅。因此，要想在信息技术方面实现人才振兴，一是发挥信息技术的优势，构建人才信息数据库。以国家对乡村人才的分类为标准，采取县（乡）一级调研填写、市一级汇总人才信息、省一级统一科学管理的方式建设乡村人才数据库，并对人才进行科学层级管理。在建立各类乡村人才信息档案的基础上，配备紧缺型人才需求系统，两者相互匹配，以大数据分析为基础提供准确的人才供需信息。二是打破政府部门间的信息壁垒。政府部门间要实现充分的信息整合、交流，要克服各个部门间系统开发的差异性。因此在统一的人才数据库建立后，各个部门要按照系统要求将信息统一接入，再根据部门要求进行动态管理。三是增加信息技术运用的场景。人才培养和培训需要紧跟信息技术发展，利用远程技术丰富培训的内容和培训方式，使培训内容不再仅限于与农相关；保证培训主体的专业性，让更多高知分子参与培训，提高培训的质量和水平；在为人才和乡村提供服务方面，利用网络社群、智能化的服务、简约的办事流程等，增加人才与乡村本地的交流，让人才融入当地。

第三节　强化乡村人才振兴的制度性供给体系

进入新时代，当前我国"三农"工作的重心是由脱贫攻坚到巩固脱贫攻坚成果与乡村振兴的有效衔接，再到现在的全面推进乡村振兴，既体现了我国从顶层设计到具体政策落实的正确性、准确性和实事求是的能力，同时也深刻反映了当

前农村工作的复杂性、矛盾性和艰巨性。其中，乡村人才问题尤其凸显。由于传统思想观念偏差、农业产业效益偏低、农村环境相对落后等原因，农村大量年轻人向城市流入，而城市人才却不愿进入乡村，造成了乡村人才引不进、留不住的社会现象，导致乡村人才匮乏，制约乡村振兴战略的实施。乡村振兴战略的实施，人才是根本。乡村人才振兴是五大振兴的支撑和重要内容，但人才振兴又是一个渐进、长期的过程，需要联合多方、协调资源、持续输出。因此，要实现乡村人才振兴，需要做好顶层设计，确保高质量、有效的制度性供给。大国发展，规划先行。当制度性供给作为组织权利被明确下来后，就可通过其内在的约束力、强制力为乡村人才振兴提供制度性的根本保障。

一、制度性供给的理论阐释

（一）理论内涵

1. 制度

美国著名经济学家诺斯给出了制度的明确定义："制度是一系列被制定出来的规则、守法程序和行为的道德伦理规范，提供了人类相互影响的框架，建立了构成一个社会，或更确切地说一种经济秩序的合作与竞争关系。"[①] 同时他认为，制度更像是一种"博弈规则"，是人类制定出来相互规制、约束的条件。诺斯在《经济史中的结构与变迁》中提出制度一般包含三个部分，分别为正式制度（法律、行为规范）、非正式制度（价值信念、伦理规范等）及实施制度（监督规则的实行情况的一套方法）。贾康在讨论"制度供给滞后"这一模型时提及，舒尔茨曾根据"制度是一组行为规则，它们的功用是提供某种约束和服务"[②] 这一认识，将制度分为四大类，四类都是应经济发展的某一需求产生的，分别是在生产—流通—交换—消费过程中的关于交易费用、配置风险、职能组织与收入流联系、生产与分配框架的制度。因此，从宏观来看，制度一般是指在一定的历史时期和社会范围内，要求社会成员共同遵守的，具有约束性、规范性、目的性的一系列行

[①] 王文举.学术思想举要 1969-2010 诺贝尔经济学奖获得者[M].北京：首都经济贸易大学出版社，2011.

[②] 舒尔茨.论人力资本投资[M].吴珠华，译.北京：北京经济学院出版社，1990.

为准则或规章、法律和道德伦理的规范。由于人类自身认知的局限性和在社会活动中常常表现出的自利性，制度的产生是为人类的行为构建外部框架，是为了让不确定因素趋向于确定，让人们的行为具有可预测性。林毅夫认为制度有两个存在理由，一个是安全功能（确保合作、年老保障、应对风险），另一个是经济功能（外部效果的收益）。

2. 制度性供给

制度供给简单而言就是生产制度与制度运作，进而满足制度需求的过程。李松龄认为"制度供给就是为规范人们的行为而提供的法律、伦理或经济的准则或规则。"[①] 参考经济学中关于供给的概念：供给指在特定市场的一定时期内，与每一销售价格相对应，生产者愿意且能供应的商品数量。制度供给可理解为：在特定社会历史环境中和一定时期内，制度供给主体（通常是国家）提供的制度的数量与质量的总和。它受到制度供给主体的知识结构、制定环境、生产技术水平、制定成本和收益等的影响。与制度供给相对的是制度需求，两者常是回应与被回应的关系。理想状态下，有效的制度供给就是对制度需求的及时回应，但通常制度需求并不能及时得到回应。制度供给与制度需求之间不均衡会引起制度变迁（又称为制度演变）。如当制度供给无法满足制度需求时，制度失衡就会出现，从而引起制度变迁。在探讨制度变迁时，一般不会将两者做有意的分离。因为制度变迁是在两者的相互影响下产生的。从这个角度来看，制度供给是一个动态的过程，一方面需要维持现有制度的常规运行，让人们的行为具有稳定性；另一方面，需要对制度进行创新以符合制度需求，让人们的行为向着利益最大化、社会认知或者预期发展。

"制度性供给"首次提出于2017年的中央农村工作会议上。此次会议主要围绕实施乡村振兴战略开展，对"大力推进体制机制创新"和"强化乡村振兴制度性供给"作了强调。"强化乡村振兴制度性供给"的提出，说明制度性的障碍仍存在，它制约着农村、农业、农民的发展。乡村振兴的制度性供给要紧扣农村改革，从农村基本经营制度、农村集体经济产权制度、农村承包地确权登记颁证、城乡资源要素流动等方面突破和发力。从人才振兴角度看，制度性供给需要围绕乡村人才的规划、培养、选拔、引进、管理、激励等方面开展。

---

① 聂法良. 教育病理学视野中的高校素质教育研究[M]. 青岛：中国海洋大学出版社，2012.

（二）制度性供给的目标

制度供给的目标是追求制度的预期获利能力。通俗来说，就是追求自身（国家、个人、集体等）利益最大化，包括政治利益、经济利益最大化。其中，利益的分配（或说利益平衡）又至关重要。早年我国在产权制度改革时提出的"政企分开"，目的就在于平衡所涉及的个人、企业、国家三者的关系。当前推行的乡村振兴战略，就要求"完善紧密型利益联结机制"，以农民为中心将增值收益留在农村。人才振兴作为乡村振兴全面推进的关键，需要克服人才外流、素质偏低、总（供）量不足等问题，要以人才为中心，将资源引向乡村，让所产生的收益留在乡村，从而确保国家向社会主义现代化强国前进。

（三）相关主体

从科斯到拉坦再到诺斯，新制度经济学的研究重点、内容、方法、视角不断趋于完善。新制度经济学中制度供给的主体也随着研究的深入有所拓展，由最初的国家发展到个体和集体，再到现在的企业、居民个人、第三部门。新制度经济学在我国有了更进一步的发展，林毅夫、李稻葵、杨瑞龙等学者在结合中国各阶段时代特征后，都对制度供给、制度变迁有了新的认识。其中，袁庆明认为制度供给的主体可以是政府、一个阶级、一个企业或别的组织，又或者是团体、个人，但最重要的是政府。

一是国家。诺斯运用"制度—认知"的范式对制度变迁进行分析时，提出制度供给需要由供给主体来进行，而供给主体的认知水平、社会意识文化形态、个人偏好等因素又会对制度供给及制度变迁产生影响。考虑到人类个体的自利性、知识局限性以及不可避免的"搭便车"行为，诺斯将国家看作制度供给的主要主体。在中国，林毅夫等学者在充分考虑中国的行政特点、传统文化对人行为的影响后，将制度供给科学地分成强制性供给与诱致性供给。强制性供给是指由公权力主体通过颁布具有强制性、权威性的政府命令、法律等来实行的供给，是一种自上而下的供给方式，国家权力在其中扮演着重要作用。我国是单一制国家，国家权力向上集中，中央政府具有最高的政治权威，是制度供给的主要制定者及直接供给者。政府又包括中央政府及地方政府。在实施乡村振兴战略过程中，中央政府制定了《乡村振兴战略规划（2018—2022年）》，印发了《关于加快推进乡村人才振兴的意见》。地方政府在不与中央政府规定、政策、制度相抵触的情况下，结合本省的实际情况可制定适合地方的政策、规划。在乡村人才振兴方面，山东省制定了《山东省推动乡村人才振兴工作方案》《推进乡村人才振兴若干措施》；浙江省台州市出台了《关于促进乡贤助力乡村振兴的实施意见》。

二是个人或集体。随着制度供给理论的不断完善，新制度经济学对制度供给的研究转向了以个人为主体，个人在制度供给中的主体地位逐渐确立，私人产权制度在制度创新中发挥的作用得到重视，自下而上的制度供给得到肯定。这种自下而上的供给方式属于诱致性供给。与国外相比，国内的研究更重视国家和集体在制度供给中的作用，但并不否定个人利益在推动制度变迁中的作用。

纵观改革开放的40余年历史，我国的制度供给虽受到制度需求的影响，但侧重点还是放在制度供给一端，制度更多由政府提供并依靠政府的能力制定和执行。

（四）乡村人才振兴制度性供给遵循的原则

乡村人才振兴的制度性供给是一个长期、稳定、多方位、全面的制度制定和实施的过程。结合着制度供给与需求的理论看，乡村人才振兴的制度需要考虑制度实施的环境、主体、目标，同时，为了保证人才振兴制度供给与需求的相对均衡，在供给制度时，仍需遵循立足乡村、以农民为中心、可持续的基本原则，从而使乡村人才振兴的制度性供给能够高效整合与配置资源、协调各种利益关系和激发乡村内生动力和活力的要求。

1. 立足乡村原则

乡村振兴战略是接续脱贫攻坚战略的又一重大战略，是在我国经济、政治、文化等都发生重大变革的背景下提出的，旨在通过高质量发展实现人民对美好生活的需求。乡村人才振兴是乡村振兴战略的关键环节，在城乡资源配置、乡村产业发展、乡村文化振兴等方面发挥重要作用。乡村人才振兴不是与城市争夺人力资源，而是要实现城乡人力资源的有效配置和合理流动。因此，乡村人才振兴的制度供给需要结合乡村特点、尊重乡村发展规律和考虑乡村需求。乡村人才振兴制度的供给可以适当借鉴国外人才制度供给的经验与思路，并以我国乡村的基本情况为根本，结合乡村发展需求要点和客观规律探索出一套乡村人才振兴的制度供给体系。

2. 以农民为中心原则

乡村振兴战略提出的实质说到底还是要妥善解决农民的问题。乡村人才振兴从主体层面来看，振兴的人才既包含本土人才，也有外来人才。合理处理本土人才和外来人才的关系也是乡村人才振兴中的重要环节。在自上而下的制度供给中，政府是主要的供给主体，本土农民是制度供给的客体，需要承受制度供给后产生的任何影响。若制度供给脱离了农村、农业、农民，就会出现制度供给与现实制度需求不匹配的情况。若人才供给缺乏对两者关系的考虑，忽视了农民的需求，就会影响乡村本土和外来人才生态稳定，不利于乡村人才振兴的实现。因此，乡村人才振兴要以农民为中心，尊重农民的意见，保障农民的根本利益。

3. 可持续性原则

乡村人才振兴制度供给涉及多方，从制度制定到供给客体，其间涉及面广，面临复杂的利益关系、多变的客观环境。从制度提供的大环境来看，乡村人才制度的供给受制于城乡二元制结构、产权制度等历史因素和现实问题。人才制度供给不是一蹴而就的，而是一个长期的、循序渐进的过程，需结合时代特征、乡村特性及未来人类需求综合考虑。制度的提供要以"稳"为前提，稳固农业、稳定农村、稳住农民。在制度供给的过程中，逐渐平衡供给过剩和供给短缺的问题，减少不必要的资源浪费。因此，乡村人才制度的供给需要遵守具有延续性和循序渐进含义的可持续性原则。

二、乡村人才振兴的制度性供给瓶颈

（一）制度供给环境复杂，制度间存在相互牵制

1. 国家选拔性教育考试制度的偏向

我国教育考试制度从功能角度来看，可以分为选拔性教育考试制度和水平性教育考试制度。选拔性教育考试制度在选拔优秀人才，保证教育公平、制度的竞争性、制度环境稳定等方面发挥了重要作用，但选拔性教育考试制度所选取的人才因为前期人才教育所投入的成本过高，更多选择在有利于自己发展、获得高收益的城市工作。根据相关调研数据，当前越来越多的优秀乡村青年通过考试"离土离乡"，造成优秀乡村青年向外流失，留下的当地人才不足以支撑乡村发展的

现象。尽管当前的措施已在发挥吸引乡村人才回流的作用，但效果仍不明显。选拔性教育考试制度下的思想观念一时难以改变，解决乡村人才匮乏问题仍是一个漫长的过程。

2. 城乡二元结构的限制

城乡二元结构的存在使得城乡在资源配置上形成制度性屏障。自改革开放以来，虽一直在进行改革，但因涉及主体、利益等复杂因素影响，改革效果不明显，城乡二元结构仍相对稳定，这无形中成为乡村振兴推进的制度性阻碍。其中的城乡二元户籍制度对乡村人才振兴的影响尤为明显，城乡间的资源要素自由流动受限，由此形成了城乡在资源投入、要素市场上的不平等。一方面，城市资源优先和集中投入，致使乡村在经济发展、基础设施、公共服务、社会保障上与城市存在巨大差距。资本优先在城市投入，资本要素难以流动，使得乡村资源无法转为资金，产生资源浪费。城乡间的巨大差异，让新时代的青年更愿意留在服务完备、制度体系健全的城市，而不愿意返乡。另一方面，从制度成本来看，城乡间的差异也造成了提供制度时的高成本，从而放缓了制度供给的进度。

3. 农村土地制度配套措施不足

土地对于"三农"的重要性不言而喻。土地制度是否完善，关乎"三农"领域的其他各类主体及其之间的关系能否协调发展。随着城镇化的发展和乡村振兴战略向纵深推进，我国的农业生产经营方式发生改变，对土地制度的需求出现新变化。当前我国的土地制度与乡村振兴战略的五类振兴都有密切关系。土地制度的供给一般要包含农村宅基地、设施农业用地等制度，在乡村人才振兴中表现为吸引和留住人才时提供住房保障、为产业发展提供土地基础等。当土地制度不够完善时，资源自由流动渠道就会受阻，资源配置就不够合理，会制约乡村产业的发展，不利于乡村人才的培育。

（二）部分制度供给短缺，制度"合力"难形成

1. 乡村人才发展的激励机制不健全

激励机制的存在能够让乡村人才在乡村振兴中拥有活力、持续发力。由于城乡间的差距，城市对人才的吸引力一直存在，在乡村就业的青年人才仍希望有返回城市的渠道，乡村人才引入并不够稳定。原因有二：一是在给予的激励措施中，培训、认定和上升机制还处在起步阶段，各类乡村人才的评价标准仍与城市相同，并不能与实际结合，无法调动乡村人才的积极性；二是激励措施偏向于保健措施而忽视了精神、思想方面的措施。

2. 乡村人才的保障机制不完善

完善社会保障体系、提供优质高效的服务，是乡村人才振兴的坚实后盾所在。乡村社会保障体系不完善会影响乡村人才资源的留存。乡村人才的保障机制应该为乡村人才在乡村生活、发展提供信心，因此乡村人才的保障机制应该具备延续性。而当前乡村基础设施建设、环境卫生、养老、教育、住房等与城市还存在差距，不足以满足新时代乡村人才对美好生活的需求，导致乡村人才回流到城市。当人才保障机制缺乏或者不能满足人才需求时，要想实现乡村人才振兴就更加困难。

3. 乡村就业创业环境仍待改善

乡村产业发展是推动乡村人才振兴的重要方式。引导返乡人才创业在凝聚资源、吸引人才上发挥着重要作用。为改善乡村创业就业环境，国家在税收、工商登记、财政支持、金融服务方面给予了支持，返乡创业人员也有所增加。但因乡村产业根植于农业，创业风险较大，以及基础设施、综合服务落后，市场开发程度低等因素影响，乡村创业环境一直不够成熟，还存在要素市场支持力度不够、市场需求小、政策不完善等短板。创业吸引力的减少和不可持续让人才回流、吸引人才变得艰难。

（三）制度供给方式存在路径依赖，制度差异化不明显

1. 人才制度供给方式单一

从制度供给主体来看，制度供给的方式可以由政府（中央政府和地方政府）由上到下地供给，也可以问策于民，由个人或集体等采用自下而上的方式供给。纵观我国经济发展的历程，我国的制度性供给基本由国家出台并保证执行。由上而下的制度供给在权威性、约束力上确实有巨大优势，但难免会因制度制定成本、制度供给者知识文化素质、意识形态及对"三农"实际情况不了解等因素影响，而出现制度供给与需求不匹配、不利于乡村人才振兴的情况。虽然乡村振兴战略规划已规划到2050年，但基层缺乏与之相匹配的乡村人才制度。因此，人才制度供给要加强调研与总结，提供乡村人才真正适用和需要的制度。

2.未差异化制定人才政策

我国是幅员辽阔、人口众多的国家，区域之间在经济水平、发展阶段、文化素质等方面存在差异。自上而下提供的普适性的制度难免无法兼顾特殊区域，有调研曾提出：某一乡村由于是工业型的乡村，发展水平较高，在人才需求上就偏向于资本性质的人才，在留住人才待遇上偏向于激励性措施，注重人文关怀；而有些村庄因培植与种植业相关的特色产业更需要经营、管理类人才；民族地区则由于历史文化、语言、环境的特殊性，在人才的引进上会有特定要求，不能直接使用其他地区施行的制度。因此，人才振兴制度供给要在尊重区域差异的基础上，给予地方一定权限，细化出更适宜当地发展的政策，尽可能避免"一刀切"现象产生。

三、强化乡村人才振兴的制度体系

乡村人才振兴是一个系统、漫长的过程，需要的制度供给也将是成体系的，核心和配套制度之间的相辅相成才能增强制度产生的效果。我国学者邓大才在研究我国乡村经济制度变迁时，将提供的制度分为核心制度和配套制度，认为两者是相辅相成的。若只关注核心制度而忽略配套制度，核心制度所产生的效果、实施的效率将有所下降，核心制度的演变也会被推迟。同理，若缺乏必要的核心制度，配套制度的作用将会呈递减状态。

乡村人才振兴需要联结多方、共同发力。乡村是人才的需求方，人才本身是供给方，政府更像是人才引进过程中的"中介"。在制定人才振兴制度时，需关注乡村的真正需求、人才本身的能力和政府在人才振兴时可以提供的政策支撑，三者协作更能制定出可持续发力的制度。体制机制的构建、平台搭建以及人员编制、职称评审、考核评价、激励措施、薪酬福利等，都能成为人才振兴的关键点，而制度的供给能够为人才振兴提供保障。综合多位学者的研究与乡村实际情况，本书认为做好乡村人才的"引育用留"工作至少需要提供以下几个基本制度。

（一）乡村人才储备制度

一是建立不同等级（国家、省、乡）的乡村人才数据库。数据资源已成为当今社会发展的重要资源要素，同时乡村人才又表现出一定的稀缺性，实现两者的有机结合和互动有利于人才资源的发掘和充分利用。各级政府应根据《关于加快推进乡村人才振兴的意见》，对乡村人才进行分类，并结合实际调研结果，摸清乡村人才的分布、类型、数量、能力及特点。对现有的经济能人、群团组织负责人、返乡大学生、有群众基础的几类人做好重点排查和管理，同时挖掘传统技艺和文化人才。二是制订人才需求清单。由于区域间的乡村在产业、基础设施、教育等多方面存在差异，各村的人才需求也各有侧重。因此，村一级要准确表达对人才的类型、数量、专业要求及需求紧急程度等情况，对于亟需的人才，县一级政府需优先考虑。三是定期推送、比对人才供需信息。将乡村人才信息数据库数据和人才需求相匹配，加快人才的合理流动，提高人才资源的配置效率。

（二）乡村人才柔性引才制度

人才引进是乡村人才振兴的起点。当前乡村在人才引进上的劣势相较于城市更加明显，需要打破户籍和身份限制、补足基本设施与服务和调整人事关系。乡村引进人才仅靠正式制度和传统渠道是不够的，倡导科学的柔性引才，能够更有针对性地、灵活地引入所需人才。柔性引才的一般方式有聘请咨询顾问，由咨询顾问给予思想、技术上的指导或服务；兼职聘用，外来人才在特定时间内为签约乡村提供自身能力范围内的服务；开展项目合作，外来人才以科研、项目推广、创业等方式提供智力支持。在柔性引才的过程中，应避免过分渲染"高金钱回报"的氛围，要充分展示对人才的尊重，给予人才成就感、有利于职业发展的机会，让社会责任感、个人情感在参与乡村振兴过程中发挥促进作用。

（三）分类分层人才培训制度

人才引入为乡村发展注入了新鲜血液，人才培育也是人才振兴中的重要环节。乡村人才的培育面临着人才类型多样、知识水平及素质参差不齐、数量庞大而又相对分散的培训情形，因此乡村人才培育要分层、分类、分阶段地推进。对于扎根乡村、有着丰富农业生产经验的"老农"，应侧重于提高其素质水平与能力，借助现有的农民学校、农业夜校，邀请"三农"领域的专家丰富其理论知识，对村内现有的带头人、村干部、种植养殖大户等进行现场教学与田间实践。对于返乡创业、投身乡村建设的"新农"，应依托本级政府所有的平台和农业类高校中的农民培训工程，对其进行从生产、经营、管理、服务、技术等方面的系统培训。

对于接受过农业院校教育、有专业技能的"知农"，应以科研课题、项目为支撑为其提供理论与实践的平台，邀请"土专家""田秀才"讲解乡村文化知识和实际操作过程，让"知农"能"懂农"，再融入乡村。在人才培养方式上，可与农业类院校、科研院所签订人才培养的订单，定向培养或委托培养，建设科技小院就是一种很好的方式。

（四）"三农"特岗生制度

乡村人才的培养除了向外借力，也要充分考虑乡村自身已有的优秀农村青年。在新的环境中，乡村人才振兴可借鉴教师人才引进中的"特岗生"计划，采用"三农"特岗生制度。在教育人才吸引方面，我国通过"三支一扶""公费师范生""特岗计划"等专项计划在短时间内培养、吸引了大批优秀师资，有效地补充了乡村中小学师资队伍，教师"特岗生"的实践已充分证明了"特岗生"培育选拔机制在集聚乡村人才上的可行性。该制度需要政府、高校、家长、学生合力完成。政府结合乡村人才需求清单制定人才规划，细化关于培养的政策、宣传方式，并与高校和科研院所做好协调和对接。一般可以采用定向培养和委托培养方式，定向培养所需的费用由国家统一划拨。高校在录取时可适当降低录取分数线，也可给予有意向且优秀的乡村学生保送机会给予涉农专业学生优先录取的资格，竭力帮助培养符合"三农"发展要求的学生。在招聘过程中，给予一定比例岗位优先招聘"三农"特岗生的名额，要求其回原籍参加工作，服务期满后可任其自由选择相匹配岗位，对于仍从事"三农"工作的人才给予奖励。

（五）"乡振"特派员制度

科技特派员制度源自1999年的福建"南平经验"，经过各地的探索，逐渐形成了创业带动、公益性服务、中介服务等几种模式。科技特派员制度具有统筹城乡发展的功能，核心是加快农业从资源依赖转向科技支撑。科技特派员制度作为基层"三农"工作的机制创新，在促进人才下沉、科技下乡，助力产业发展上发挥了重要作用。清华大学胡钰教授与江西省景德镇市浮梁县开展合作并实践后，提出了"乡创"特派员这一制度。胡教授认为，在外来人才与当地难融入、治理方面人才和制度保障缺乏的困境下，"乡创"特派员制度具有一定的必要性。"乡创"特派员制度中的"乡创"一般指创新创业人才，特派员分为个人特派员和团体特派员,"乡创"特派员的任务是将乡村文化和特色资源效用最大化,助力产业振兴、乡村治理,助推乡村振兴。鉴于学者的研究及实践效果,本书提出"乡振"特派员制度。"乡振"特派员制度的建立需要明晰组织管理方式,由组织部负责人才的管理与考核;明确特派员的权责并分类,在分类的基础上再细分责任,由省、市、县三级政府给予特派员资源(财政、项目、职称等)上的支持。特派员制度作为一种创新性探索,在政策制定时需要充分考虑实际需求,真正发挥其核心作用。

(六)人才下乡返乡创业风险防控制度

产业发展是乡村振兴的重要经济基础,乡村产业发展也是凝聚人才的重要途径。自创新、创业政策执行以来,各地都有大量的农民工、大学生返乡创业,带动资本流向农村。但因为农业本身的弱质性,农业投资回报周期长、投资大、风险高的特点,以及社会化服务不健全以及政府支持政策不稳定等因素,下乡创新创业的人才因产业发展受阻而逐渐流失。因此,为了留住人才,需要建立下乡返乡创业风险防控制度,实现产业和人才振兴的良性循环。具体措施有以下几点:一是在开展创业活动之前,创业者和政府需要对创业项目产业发展前景、与产业政策的适配度等进行评估,当风险过高时就适当调整方向;二是加大对与农业种植业相关创业的补贴及政策支持力度,将有特色且形成品牌的产品纳入保险范围,为已产生带动效果的创业项目设立创业投资专项资金,所需投入资金由多级政府共担;三是优化农村创业环境和完善乡村社会服务体系,从土地流转、基础设施建设,到技术指导、平台建设,再到品牌推广等,政府都应提供优质便利的服务,利用多种形式的政策组合降低创业风险,减少人才外流。

(七)乡村人才评价奖励制度

人才评价与奖励是人力资源开发过程中的基础和关键。我国的人才评价制度建设经过不断的探索和发展,已取得了突破性的进步,但乡村人才的评价奖励制度仍属于探索阶段。正因如此,乡村人才常出现职业荣誉感、成就感和归属感不足的问题,对于保障人才权益、留住人才都产生了不利影响,乡村人才评价奖励制度的供给迫在眉睫。总的来说,乡村人才评价要结合人才类型、人才发展阶段和规律、职业技能特点,在考核时要注重能力和实绩的结合。从宏观来看,一是完善乡村人才评价法规体系建设，包含意见（暂行规定）、管理方法、实施细则三个层面；二是促进乡村人才评价中介机构的选择及管理制度建设，完成从机构选择到后续的人才评价流程、标准、管理、监督等制度的细化；三是推进乡村评价人员的资格认证及乡村人才评价后颁证制度建设，评价主体职业化有利于人才评价的专业化和体系化，更科学、标准，符合实际所需，人才被评价或者认定后收获证书也可强化职业信念，增强荣誉感；四是加快乡村人才数据库建设，在数据共享的基础上，为人才储备、评价、管理提供数据支持；五是健全人才奖励激励机制和退出（降级）机制，奖惩结果与评价结果挂钩，表现优异者获得额外奖励，表现不符合规定者降级或者退出，以此保证人才队伍素质水平。

第四节 优化乡村人才振兴的资源性统筹内容

一、理论依据

（一）理论内涵

1. 资源

资源是物质发展的基础，资源对于促进乡村人才振兴具有重要的推动作用。"资源"是指一国或一定地区内拥有的物力、财力、人力等各种物质要素的总称，一般分为自然资源和社会资源两大类。从自然资源的角度来说，乡村人才振兴的资源包含土地资源、矿产资源、森林资源、气候资源、生物资源、水资源等乡村本土资源；从社会资源的角度来说，乡村人才振兴的资源包含人力资源、信息资源、科技资源、基础设施资源、资金资源、文化资源以及经过劳动创造的各种物质财富资源。

资源经济学作为研究资源经济问题的学科，提出了"资源具有稀缺性"这一重要的观点。这种稀缺性指一种由资源的自然有限性所引起的、在经济领域只有通过竞争才能取得和使用资源的状态，主要表现在资源价格方面。正是由于资源具有稀缺性这一本质特征，其在配置的过程中往往会出现市场失灵与政府失灵的问题。所谓市场失灵，是指市场这只看不见的手无法有效地配置商品和劳务；所谓政府失灵，是指行政配置资源虽然在某种程度上能够解决市场失灵所导致的低效率的问题，但也可能存在着决策失误所导致的低效率的情况。

2. 效率

"公平与效率"常常放在一起进行研究，与公平相比，效率是一个更偏向于经济学领域的概念。所谓效率，就是指如何实现有限资源的最优配置和充分利用；乡村人才振兴领域的效率问题，就是指如何有效利用可支配的资源促进达成人才振兴的目的。效率高低的判断问题可以从两个方面着手。一方面，效率常常是可以衡量的，主要可分为投入产出、资源配置、技术进步几大层面。有效率的投入产出状态是能够以较少的资源价值投入实现较大的产出的状态；有效率的资源配置状态是能够通过合理的资源配置达成区域福利最大化的状态；有效率的技术进步状态是指能够通过技术进步推动结果改进的状态。另一方面，从价值判断的角度而言，有效率的发展模式能够与经济社会制度相容，且具有较高的社会认可度和接受度，否则就是无效率或者低效率的。

3. 资源性统筹

通俗意义上，统筹就是通盘筹划，技术角度上的统筹是通过量化的方式进行测算，社会发展模式中的资源统筹研究大多从价值判断的角度进行。当下从资源统筹视角来探索乡村人才振兴发展的研究还较少，学者们大多集从资源统筹视角来研究城乡融合发展程度，如刘升勤认为城镇化中的"资源统筹"是指全面协调利用城乡发展资源，不断推进城乡一体化，更好地发挥工业化、城市化、市场化对"三农"的带动能力。研究资源统筹，就不得不考虑资源配置，因为资源统筹与资源配置是相互联系的，两者是统一、动态的发展过程。资源配置实际上是指生产要素资源的分配，乡村人才振兴中的资源配置就是指构建起促进人才振兴的自然资源与社会资源的分配机制，而资源统筹则是资源配置的前提与基础，资源有效配置则是资源统筹的目的。

资源性统筹与资源统筹的概念相似，但是资源性统筹与资源统筹相比，所涉及的范围更广泛。资源性统筹不仅仅局限于自然资源、社会资源，而是包含一切能够推动乡村人才振兴的资源，模糊了资源内涵与资源占有主体的边界。资源性统筹是实现乡村人才振兴的关键路径和核心方式。

（二）目标

资源性统筹最终发展目标在于利用好区域内的一切资源要素，有针对性地进行结构组合与重组，高度聚集区域内的资源要素，高效开发当地的人力资本潜力，助力乡村振兴。

（三）主体诉求

乡村人才振兴工作的顺利开展需要多元主体进行协同治理，其治理是由政府、企业、社会组织、农民等利益相关者合作发力，以较为正式的方式作出决策，满足自身发展需求，并承担相应责任的过程。

1. 政府

政府作为乡村人才振兴工作的主要引领者与推动者，也是乡村人才振兴的主力军，其有着优化政府职能、打造服务型政府的特殊需要。正因政府在乡村人才振兴建设工作中有着不可动摇的主导地位，就更需要承担好保障体制机制建设与公共服务供给的工作。所谓优化政府职能，就是指政府在进行乡村人才振兴工作的过程中需要提升相关的工作职能，并且精准地进行政策输出，实时解决乡村人才振兴过程中所出现的问题，提升政府对于乡村人才振兴的科学决策能力、综合治理能力、应急管理能力等。所谓打造服务型政府的特殊需要，意味着乡镇政府作为实施乡村人才振兴的直接管理部门，其管理能力的提升是乡村人才振兴工作顺利进行的关键。要主动适应经济社会发展新要求和人民群众新期待，准确把握实现基本公共服务均等化的发展方向，以增强乡镇干部宗旨意识为关键，以强化乡镇政府服务功能为重点，以优化服务资源配置为手段，以创新服务供给方式为途径，有效提升乡镇政府服务水平，切实增强人民群众的获得感和幸福感。

2. 企业

企业是乡村人才振兴的重要发展平台。一方面，企业作为国民经济的基本单元和重要主体，在乡村人才振兴中的功能发挥作用突出，其能够带动农业产业深度交叉融合、引导小农户对接市场；另一方面，企业是乡村人才振兴的重要带动力量，起到桥梁作用，其不仅能够衔接政府与市场、修正政府职能缺失与市场失灵的问题，同时也能够将农民、新型农业经营主体与市场相对接，扩宽农产品市场，避免信息不对称所导致的逆向选择与道德风险等问题。企业主体自身发展立足于"经济人"的假设，以获利为生产经营的主要目的，所以对于稳定的市场机制、专业化的人才队伍体系、支撑性政策等具有较强的需求。

3.新型农业经营主体

新型农业经营主体理念是在党的十八大中正式提出的，报告指出"培育新型经营主体，发展多种形式规模经营，构建集约化、专业化、组织化、社会化相结合的新型农业经营体系"[①]。新型农业经营主体是相对于传统农业经营模式的发展而言的，其实际上是一种生产规模较大、集约化程度较高、与市场结合度较高、具有较强专业性的农业经营组织。主要包括专业大户、农民专业合作社、家庭农场、农业龙头企业四类经营主体。专业大户与传统小农户相比，具有较强的专业性与较大的生产经营规模；家庭农场是以家庭为单位进行农业生产经营活动，规模化、集约化、专业化程度较高；农民专业合作社是从事相同品类农产品生产的生产者在资源的基础上成立的农业互助组织，能够有效提高农产品的市场竞争力；农业龙头企业是指农业生产、加工、营销一体化的企业，在农业行业中具有较强的号召力与影响力。与现代农业农村发展模式相适应的新型农业经营主体，在发展过程中需要完善的管理机制、有力的支撑政策以及相应的符合其发展需求的利益机制。

4.农民

农民是乡村振兴的主体。乡村振兴战略的总要求在于达成"产业兴旺、生态宜居、乡风文明、治理有效、生活富裕"的发展状态。乡村人才振兴作为乡村振兴战略的一部分，其主体作用主要体现于两个方面：一方面，乡村人才振兴离不开新型职业农民的带动和小农户的创新实践；另一方面，实施乡村人才振兴战略就是要达成缩短城乡差距、乡村有效治理、改善农民生活面貌、提高农民生活水平的根本目标。所以乡村人才振兴归根结底就是要寻求人的全面发展、农民的全面发展。

5.集体组织

合作社等集体组织是乡村振兴的重要主体。集体组织常与乡镇集体产业相联系，集体产业是带动农民增收、促进乡村产业兴旺的重要因素。发展高效的集体

---

① 张献奇.新型职业农民培育及培养模式研究[M].郑州：中原农民出版社，2019.

组织对于乡村人才振兴具有重要的推动作用，而其发展也依赖于乡村人才。具体来说，包括以下三方面人才：首先，需要具有较高企业或产业经营管理才能的人才致力于集体产业的长期发展规划；其次，需要具有资深产业产品技术的人员致力于产业链延伸与产品创新；最后，需要专业化程度较高的营销团队将集体产业所生产的产品销售出去，使其在产品市场上具有较强的竞争力。

二、乡村人才振兴资源性统筹的现实困境

（一）资源要素供给复杂多元

乡村人才振兴的最终发展目标是乡村振兴，乡村人才振兴是乡村振兴的关键点，更是乡村振兴的重要落脚点。乡村振兴要求要改变乡村发展现状，使更多的人才汇集于乡村，从而形成"城市—乡村"两层职能发挥体系。现阶段城乡二元化发展体系在很大程度上决定了乡村人才供给资源统筹的复杂性与多元化。

乡村人才振兴关键点在人才，吸引人才、留住人才所涉及的制度体系相当复杂，一方面，为了增强乡村的吸引力，必须进行保障性资源统筹，如推进基本公共服务均等化，解决城乡之间基本公共服务供给不均衡的问题，大力推进教育、医疗、社会保障、基础设施、交通等方面的建设，使人才在乡村能够有优良的生活环境与发展条件。另一方面，所谓人才，即指具有一定的专业知识或者专业技能、能够进行创造性劳动并对社会作出贡献的人。乡村人才振兴要吸引人才、留住人才，必须确保人才对乡村生产生活具有强烈的社会认同感与成就感，所以激励性资源统筹是不可或缺的，如必须落实资金支持、职称体系评价等方面的建设。因此，乡村人才振兴所面临的复杂多元的资源供给统筹体系建设是目前最需解决的一大问题。

（二）资源统筹力度不够

统筹乡村人才振兴资源对于构建乡村人才振兴治理体系、提高乡村治理效率具有重要的推动作用。当下乡村人才振兴的资源统筹在一定程度上仍然存在着割裂性。首先，乡村人才振兴战略对于乡村发展具有强烈的指导意义，但是在乡村人才的培育、引进、管理、评价、服务、使用等环节，仍然存在着思想指导与实

践相脱节的情况。其次,各地政府为推动乡村人才振兴,均实施了较多的创新性政策,但是这些政策具有较强的根植性,在其他地方并不能够有效实施,实际上这种过于分散碎片化的创新政策正是乡村人才振兴推动中系统性不足的体现。有效率的乡村人才振兴战略是系统性、针对性并存的,既能够因地制宜、因事制宜,对不同类型的人才采取针对性的扶持政策,同时也具有本质的核心运营机制,能够克服水土不服的问题,具有一以贯之、适应性强的特征。最后,乡村人才振兴最终发展目标在于达成乡村振兴,但是目前的乡村人才机制对于实现乡村振兴目标的效率不足,当下的人才机制并不能够有效发挥人才力量。

(三)各方主体参与性不足

政府、企业、新型农业经营主体、农民等是乡村人才振兴的几大主体,有效率的资源配置方式是各方主体各司其职共同参与治理发展的基础,力图达成各方主体共同期望的意大利经济学家帕累托提出的最优状态。但实际上,当前的乡村人才振兴中各方主体的参与处在失衡的状态。政府主体在进行乡村人才振兴治理工作时需要经历一个角色转变的过程,由前期的引导者转变为后期的监督者,但在实际实施过程中,却出现了政府一方扶持、其他各方主体参与意识不足的问题。总体而言,当下的乡村人才振兴还处于初级阶段,所以政府的引导极其重要,在这一发展阶段中,企业、新型农业经营主体、农民三方主体都处于被引导者的位置。但这一阶段的政府引导或主导并不意味着其他参与主体"不参与",而是要逐步构建起发挥各方力量的机制,如企业在这一阶段就需要抓住乡村人才振兴的发展机遇,探索如何在这一大背景下实现农业现代化、规模化、集约化生产,拓展生产的价值链、产业链等,有效融入发展潮流;新型农业经营主体在这一阶段就需要利用好政府的扶持政策,明确自身独特的发展优势,不断壮大自身的发展力量,有效占据农业市场;农民作为主要的乡村建设者,在这一阶段需要乘势而上,注重自身竞争力的提升,不断转换自身社会身份,改善自身生活水平。当下的乡村人才振兴需要各方主体在各司其职的前提下不懈合作,但是当下的状况是各方主体各司其职但合作紧密度不足。

(四)资源统筹方式单一化

乡村人才振兴的资源统筹方式决定了资源配置是否具有效率。当下乡村人才振兴的资源统筹方式是自上而下的，即由中央政府制定乡村人才振兴资源统筹的发展框架、发展目标，由省政府根据各省份自身的发展状况，在与中央政府的发展方向不矛盾的前提下制定出本省的发展策略，然后由各地市政府、乡镇政府具体落实，从而形成一种层层推进的资源统筹方式。这样一种资源统筹方式能够使资源统筹政策落实的效果得到保证，但是自上而下的行政组织会在一定程度上导致责权倒挂，片面的指标化考核方式会致使基层治理组织聚焦于短期发展结果与数字指标结果的增长，从而忽视长期的策略性发展。

三、乡村人才振兴资源性统筹的优化路径

资源性统筹对于乡村振兴具有重要的推动作用，是乡村人才振兴的关键环节和核心引擎。在很大程度上，区域人力资本开发程度既取决于当地资源投入数量和结构优化组合的状态，又取决于区域吸引和聚集资源并为己所用的能力和水平。所以，在乡村人才振兴中实现有效率的资源性统筹，是具有强烈现实意义的。

乡村人才振兴所涉及的资源要素是复杂多元的，乡村人才振兴的实质是简明扼要的，即如何"吸引"与"留住"人才，所以在复杂多元的资源要素中着力于关键要素至关重要。针对乡村人才振兴的资源性统筹制度包含保障性资源统筹与激励性资源统筹两方面，不仅满足其基本需求，也满足其较高层次的发展需求。切实可行、一以贯之的乡村人才振兴资源性统筹机制需要从以下几个方面着手构建。

（一）制度性资源统筹

制度一般是指在一定的历史时期和社会范围内，要求社会成员共同遵守的，具有约束性、规范性、目的性的一系列行为准则或规章、法律和道德伦理的规范。乡村人才振兴的制度性资源统筹是指从制度层面，为乡村人才提供规范化发展的跑道。

1. 社会保障性政策

社会保障制度是保障劳动者基本生活水平的制度，是维护社会安定的"稳定器"，起到兜底保障的作用。完善的社会保障制度是解决乡村人才发展后顾之忧

的一道基本保障网，针对乡村人才振兴的社会保障制度构建机制，应当从以下两个方面着手：一方面，着力推动农村社会保障制度基本保障水平尽力与城市持平，实现统筹一体化发展，以养老、医疗、失业、生育、工伤等为代表的基本社会保险制度关系国计民生，这也是乡村人才的发展底线。为使乡村人才更具有竞争力与满足感，应在基本保障水平方面加大资金保障。另一方面，有针对性地由地方政府或者村集体构建新型保障制度，如聚集大批创新创业项目、人才的地区可以与保险公司合作开发创新创业保险，根据创新创业项目的不同，设定层层递进的保险缴纳份额，前期由当地政府进行缴费，后期可逐步加大个人缴费比重。

2. 乡村人才从业资格认定制度

从业资格认定是个人具备从事该行业的基本学识、技术、能力的证明，构建乡村人才从业资格认定制度是推动乡村人才从业规范化、制度化的一大步。乡村人才从业资格认定制度一方面逐步构建起乡村人才规范化发展的赛道，另一方面也是激励乡村人才的内生发展动力，促进更多人才聚集于乡村。乡村人才从业资格认定制度的构建需要注意以下几点：首先，乡村人才从业资格认定制度构建之初需要从宏观层面加以衡量，制度内容主要包含从业人员基本知识、能力水平与道德水平等方面；其次，应对不同类别的乡村人才进行划分，如乡村生产经营人才、乡村二三产业发展人才、乡村公共服务人才、乡村治理人才、乡村科技人才等，还可进一步划分为种植能手、养殖能手、加工能手、农民专业合作社组织负责人、乡村经纪人、乡村文化艺术人才、乡村社会工作人才等；最后，乡村人才从业资格认定制度的设立就是为了在乡村地区树立起规范化运行的典型，提高人才跨地区流动的可能性。

3. 乡村人才联合培养委员会

乡村人才联合培养委员会是作为微观区域统筹乡村人才的介于正式组织与非正式组织之间的一类组织形态，是负责管理培养乡村人才的专业性组织，主要负责组织乡村人才从业资格考试、日常乡村人才专业能力提升培训、乡村人才相关知识的日常宣讲等活动。乡村人才联合培养委员会的构建需要明确以下几点：首先，乡村人才联合培养委员会主要负责乡村人才常态化的培养管理机制，所以需要先引进一支相对专业化的人才队伍后再来构建，这一人才队伍可以通过全职形式或者委员会委员形式进行管理，但必须保留一批专业人才来进行专业管理。其次，乡村人才联合培养委员会的责权需严格对应，上层的政策由政府部门来制定，其权力范围仅限于培训监管和常态化管理，所以也仅需要承担相应的责任。最后，乡村人才联合培养委员会需要保证服务到一定区域内的人才，所以组织形态在相对扁平透明的前提下还需要具有金字塔形态的层层落实功能。

（二）财政性资源统筹

1. 乡村人才等级评定制度

乡村人才等级评定制度是与乡村人才从业资格认定制度相对应的，其构建的目标是不断提高乡村人才的专业化程度、市场竞争力，从而激发乡村人才的内生发展动力。实际上，当下已经有一些省市推行乡村人才评价管理制度，但是存在着口径不一、政策路径相对宽泛、"唯学历论"等问题。实际上，乡村人才等级评定制度与现行的乡村人才评价管理制度有所区别，乡村人才等级评定制度需要由具有较强聚集能力与权威性的政府部门来制定，并逐步向下落实，从而形成规范化的运营落实机制。其次，乡村人才等级评定制度在乡村人才的工资认定机制中需要有所体现，等级与实践能力水平越高的乡村人才，其工资水平越高，从而不断激励乡村人才自发学习。

2. 乡村人才信息管理服务平台

乡村人才振兴需要融入信息时代的发展潮流。乡村人才振兴中很多地区存在着无法引入合适的乡村人才这一问题，因此构建乡村人才信息管理服务平台就显得尤为重要。一方面，建立全国统一的乡村人才信息管理服务平台，相当于构建起一个乡村人才大数据库，对于某一地区存在着的人才紧缺问题，可以在数据库中搜寻合适的人才然后加以引进，缩短人才引进的时间成本，有效解决不同区域所存在的信息不对称的问题。另一方面，建立起乡村人才信息管理服务平台有利于乡村人才的后续发展，乡村人才信息管理服务平台相当于给予政府部门一个监管乡村人才成长路径的方式，帮助有效追踪统计不同类型的人才在乡村地区的流失程度与后续成长方式，从而更好地制订更具有吸引力的人才振兴政策。

（三）社会性资源统筹

社会性资源统筹是基于乡村人才是"社会人"的假设前提，以增强乡村人才的社会认同感和社会地位为基本目标。

1. 乡村人才表彰激励机制

乡村人才表彰激励机制的构建能够有效提高乡村人才的从业成就感。长期的城乡二元分割治理制度致使乡村发展一直处于较为滞后的状态，导致城市地区劳动力一直固守城市、乡村地区的劳动力外流严重等问题。而且大众对乡村存在着一定的刻板印象，认为乡村就业是低收入水平、低技术水平、发展空间小的，所以不扭转这样一种刻板印象就无法吸引人才。为此，乡村人才表彰激励机制应运而生，这一机制可以通过每年或者几年一次的方式，分产业、分方向选取对于乡村振兴有杰出贡献的先进人才进行表彰，从而使社会上更多的人能够了解其工作内容、工作意义，扩大社会影响力，同时增强乡村人才的社会认同感与就业成就感。

2. 乡村人才挂职聘用机制

乡村人才挂职聘用机制是指选取有能力、有技术的乡村人才有针对性地挂职于所在地区的村镇或者街道，给予乡村人才一定的管理机会，激发乡村人才的发展动力。乡村人才挂职聘用机制的构建需要注意以下几点：首先，挂职范围较小，一般以村镇与街道为主，保证乡村人才在所挂职聘用的区域内具有一定的参与度与话语权。其次，乡村人才与挂职地点选取要遵循"人域相匹配"的原则，即在聘用之前需要仔细研究该地区的特性、发展方向等，然后选取与之相匹配的人才。最后，乡村人才挂职聘用机制中的人才选取要具有多样性，如种植能手、养殖能手、加工能手、农民专业合作社组织负责人、农村经纪人、乡村文化艺术人才、乡村社会工作人才等都需要有所涉及，并且需要做好乡村人才挂职聘用的考核与监管工作。

（四）人性化资源统筹

1. 基本生活需求导向的统筹管理机制

以基本生活需求为导向的统筹管理机制是以保障乡村人才的基本生活、不降低其基本生活水平、尽力达成具有乡村特色风味但与城市生活水平持平的便捷生活状态为目标的机制。首先，需要加强村镇的基础设施建设，如交通、快递等类型的基础设施建设，保证当地具有完善的公交系统、共享单车系统等，确保快递寄取的便捷性，从而保障人才在乡村的基本生活质量。其次，增加乡村人才的购房、租房补贴，建立完善的人才公寓制度，保证异地就业的乡村人才的住房问题得以过渡解决。最后，需要加强村镇地区的环境治理，坚持生产与生态的同步发展，坚持"绿水青山就是金山银山"的发展理念，保证乡村地区的公共卫生服务治理水平。

2. 乡村人才职业教育培训机制

乡村人才职业教育培训机制构建的目的在于满足乡村人才的深层次发展需求。乡村人才必然是在实际生产经营过程中不断成长的，但是在知识与技能储备未达到相应的储备量时，需要不断接受职业教育培训。构建起完备的乡村人才职业教育培训机制就是为了满足乡村人才个人能力增长的需求，使乡村人才在实际工作中更具有效率，也是为乡村人才振兴助力，推动更具有创新性的治理方式与产品的出现。乡村人才职业教育培训机制的构建主要围绕以下几点：第一，针对乡村宏观发展政策，乡村人才振兴的最终目的就是要推动乡村振兴，所以加强关于乡村发展的宏观政策的培训有益于乡村人才更好地把握发展的宏观形势与潮流。第二，针对乡村文化与情怀、乡村从业人员职业道德，乡村人才要长久地留在乡村必须"爱农村、懂农业、爱农民"，所以针对乡村文化与情怀的培训是有必要的，有助于乡村人才更好地了解乡村文化，激发乡村人才爱农村爱农民的情怀，同时加强职业道德教育，也有助于更好地规范乡村人才的从业行为。最后，针对创新意识与专业能力，将创新意识与专业能力的培训融为一体，有利于不断提升乡村人才的专业能力、实践能力、创新能力。

第三章 乡村振兴战略的实施

本书第三章为乡村振兴战略的实施,主要从四个方面展开介绍,分别是乡村振兴战略的具体内容、乡村振兴中应注意的问题、乡村振兴战略实施的保障以及实现乡村振兴的路径。

第一节 乡村振兴战略的具体内容

一、乡村产业振兴

(一)乡村产业的内涵和特征

1. 乡村产业的内涵

2019年6月17日,发布了《国务院关于促进乡村产业振兴的指导意见》,该文件对乡村产业的内涵进行了明确阐述。其中,乡村产业被界定为根植于县域的产业体系,其发展以农业农村资源为依托,以农民为主体,以一、二、三产业融合发展为路径。

首先,乡村产业根植于县域,这意味着其发展与具体的地方环境和资源息息相关。这种本土化的特性要求乡村产业的发展应当充分考虑当地的自然条件、文化传统和社会经济状况,打造符合当地实际情况的产业发展路径和模式。

其次,乡村产业以农业农村资源为依托,这一点强调农村资源的重要性和价值,意味着乡村产业的发展应当充分利用农村的自然资源、人力资源和社会资源,推动农业现代化、农村产业多元化发展,实现农民增收致富。

再次，乡村产业以农民为主体，强调乡村产业发展的参与性和基层特色，应当鼓励和支持农民参与乡村产业的发展，激发他们的创业创新活力，推动乡村经济的蓬勃发展。

最后，以乡村产业的一、二、三产业融合发展为路径，强调产业发展的整合性和多元化，应当促进不同产业之间的协同发展，打破传统行业壁垒，形成产业融合发展的新格局。

综上所述，《国务院关于促进乡村产业振兴的指导意见》明确了乡村产业的内涵和特点，为乡村产业的发展指明了方向，也为乡村振兴提供了重要的政策支持和指导。

2. 乡村产业的特征

（1）生产方式的多样性

乡村地区由于地域、资源、人文等方面的差异，孕育了各种不同类型的产业，同时也使得生产方式具有了多样性，这种多样性意味着乡村经济具有丰富性和灵活性，能够适应不同地区的特点和需求，为乡村经济的可持续发展提供更为多元化的发展路径和机会。在资源丰富的地区，农民可以通过引进先进的种植和养殖技术，推动农业生产的规模化、标准化发展，提高农产品的质量和产量，促进农业现代化进程。同时，也要鼓励小宗类、多样性特色农产品的种植和生产。一些地方的气候条件和土壤环境可能更适合特色农产品的生产，比如茶叶、水果、蔬菜等，这些特色农产品不仅能够满足市场需求，还能够带动当地农民增收致富。另外，各类乡土资源也应当进行多功能拓展和价值转化，比如开发乡村旅游资源、挖掘乡土文化遗产、推广乡村手工艺品等，这些都可以为乡村产业的发展提供新的动力和机遇。

（2）城乡要素的流动性

乡村产业具有城乡要素之间互相流动的特征，这种流动性体现了城乡经济之间的联系和互动。加之我国面临着城乡区域发展不平衡和不充分的问题，为了解决这一问题，乡村产业也必须强调城乡之间的要素流动。首先，应坚持以城带乡、以工促农的原则，通过城市的发展带动周边乡村地区的经济活力，促进城乡经济的良性互动和协调发展。同时，也需要通过工业的发展来促进农业的发展，推动城乡要素的有序流动和有效配置。其次，应有序引导工商资本下乡，吸引和引导城市的工商资本投入乡村产业，支持农村企业的发展，带动农村经济的蓬勃发展。同时，乡村产业还应鼓励实用人才返乡入乡，吸引在外务工的农民工和具有相关专业技能的人才回到家乡，参与乡村产业的发展，提升乡村劳动力素质和产业发展水平。最后，乡村产业应提倡利用现代生产方式和信息技术改造提升农业，推动农业生产方式的转型升级，利用先进的生产技术和信息化手段，提高农业生产效率和质量，实现农业农村现代化的加快发展。

（3）产业载体的集聚性

在我国乡村产业发展中，以县域经济为融合载体的产业相对集聚是一项重要策略。首先，以县域经济为融合载体可以有效整合各方资源，形成产业相对集聚效应。在县域范围内，通过确定主导产业和核心要素，能够实现产业链的有效衔接和产业集群的形成，进而提升整体产业效益和竞争力。其次，建立"示范园""先导区"等平台，形成示范效应，让这些平台采用成功的产业发展模式和先进的生产技术，吸引更多企业和投资者参与，推动当地乡村产业的升级和转型。最后，通过集聚主导产业和各要素，还可以使各相关主体之间形成利益交融和利益共享的机制，进而促进产业发展的可持续性和稳定性。

（4）基础功能的保障性

民以食为天，粮食安全是一个国家的重中之重，因此乡村产业需要着重关注提升粮食和重要农产品供给保障能力。保障粮食和重要农产品的供给稳定性，不仅关乎国家粮食安全，也影响着农民生计和乡村经济发展。因此，乡村产业需要加强生产组织、技术支持和市场保障，提高粮食和农产品的产量和质量。

（5）关键技术的创新性

随着社会经济的发展和人民生活水平的提高，农业发展正逐渐从简单的增产导向向更为综合的提质导向转变。在这一转变过程中，必须注重提升质量。传统上，农业发展主要关注增加产量来满足需求，但随着消费者对食品安全、品质和营养价值关注的提升，农业生产必须重视提高产品质量，包括安全、营养、口感等方面，以满足市场需求。因此，乡村产业必须对关键技术进行创新，技术创新不仅能够激发乡村经济发展的活力和潜力，还可以为提升乡村产业竞争力和可持续发展能力提供重要支撑。通过不断推动技术创新，乡村产业可以实现转型升级，达到经济效益和社会效益的双赢局面。

（二）发展乡村产业的意义

当前，我国成功实现了全面建成小康社会第一个百年奋斗目标，标志着国家进入了全面建设社会主义现代化国家的新征程。在这一历史节点上，乡村产业的发展具有着重要而深远的意义。促进乡村产业振兴，不仅符合国家发展战略，也有助于实现乡村全面复兴的宏伟目标，推动经济社会持续健康发展，促进全体人民共同富裕。

1. 发展乡村产业是乡村全面振兴的重要根基

乡村振兴是当今中国发展的重要战略，而产业兴旺则被视为乡村振兴的基础。乡村产业的兴旺不仅可以促进乡村经济的多元化，提升农民收入水平，还可以改善农村基础设施建设，推动乡村社会全面发展，为乡村振兴提供坚实支撑。

2. 发展乡村产业是巩固提升全面小康成果的重要支撑

农村发展一直是实现社会主义现代化的难点和重要任务，在这个过程中，发展乡村产业并促进农民就业至关重要，因为这是确保农村全面小康和脱贫成果的巩固和提升的关键。首先，通过发展现代农业、乡村旅游、特色产业等领域，可以为农村注入新的发展动能，提高农村产业的竞争力和可持续发展能力，从而推动农村经济持续增长。其次，通过发展乡村产业、创造更多就业机会，可以有效地提高农民收入水平，改善农村居民生活品质，实现农民群众共同富裕，进而巩固提升整个农村社会的全面小康成果。

3. 发展乡村产业是推进农业农村现代化的重要引擎

乡村产业的繁荣发展不仅可以促进农业产业结构的优化升级，提升农村经济效益，还可以推动农村社会发展，实现农业现代化和乡村振兴的目标。通过引导和支持乡村产业的发展，构建现代农业产业体系、生产体系、经营体系，可以推动传统农业向现代农业转型升级，促进农业生产方式、经营模式和产业链条的优化和升级。这将有助于提高农业生产效率和质量，增强农业竞争力，推动农业现代化进程。

（三）乡村产业振兴的重点领域

1. 做强现代种养业

种养业既是乡村经济的支柱，也是国家粮食安全的重要保障所在。做强现代种养业，应逐步形成以种养业为基础，以"种养结合、以养促种、创富共赢"的生态种植养殖产业体系，推动乡村产业现代化融合发展。

（1）创新产业组织方式

推动种养业向规模化、标准化、品牌化和绿色化方向发展是提高农业效益和竞争力的必由之路。其中，规模化生产可以降低生产成本，提高生产效率；标准化生产可以保证产品质量稳定；品牌化经营可以提升产品附加值和市场认可度；绿色化生产可以保护环境、提供健康食品。对此，就需要创新产业组织方式，只有不断推动产业结构调整和升级，加强科技创新和管理创新，才能实现农业产业的跨越式发展，为农业现代化和农民增收致富注入新动力。

（2）巩固提升粮食产能

为确保国家粮食安全和农产品供给，必须持续提高农业的综合生产能力。在此背景下，巩固提升粮食产能是关键任务之一。而通过完善种植结构、优化农业资源配置、推广高效耕作技术等措施，能够提高粮食生产水平和产量，保障国家粮食供应稳定。另外，保护永久基本农田、确保土地资源的永续利用和粮食生产的可持续发展，也是巩固提升粮食产能、关系国家长远利益的重要举措。只有不断加强政策引导、推进农业现代化，才能有效应对粮食安全挑战，确保国家粮食安全和重要农产品有效供给。

（3）有序推进养殖业生产

在畜禽养殖方面，有序推进养殖业生产是保障畜产品供给的重要举措。通过改善养殖场基础设施、提升饲料质量、加强养殖管理，可以提高畜禽产量和质量，满足人民对畜产品的需求。同时，提升动物疫病防控能力是确保畜禽养殖业稳定发展的关键。因此，需要加强疫病监测和预警体系建设，推广疫苗接种和疾病防治技术，有效控制畜禽传染病的发生和传播，保障畜禽健康生长，确保畜产品质量安全。只有不断加强技术支持、政策引导和市场培育，才能有序推进养殖业生产，从而为农业现代化和农民增收致富注入新动力。

（4）发展经济林和林下经济

经济林是森林资源的重要组成部分，是集生态、经济、社会效益于一身，融一二三产业为一体的生态富民支撑产业。林下经济是指充分利用林地资源、林下空间和森林生态环境，开展林下种植业、养殖业、相关产品采集加工业及森林旅游业等多种经济活动的发展模式，包括林下产业、林中产业、林上产业，以提高林地生产率、劳动生产率、资金利用率。大力发展经济林和林下经济是把绿水青山变成金山银山最有效、最直接的途径之一。

2. 做精乡土特色产业

乡土特色产业源自农民的手工艺传统，经过改造和提升，已经成为乡村经济的重要支柱。各地应当因地制宜，根据当地资源禀赋和传统技艺，积极发展多样化的特色种植和畜牧业，加快培育特色食品，发展特色制造、特色建筑、特色手工业等乡土特色产业，推动乡村经济多元化发展。

（1）发掘一批乡土特色产品

基于各地独特的资源禀赋和历史文化，有序开发特色资源，是推动乡村振兴、促进农民增收的关键举措。在这一过程中，应当注重做精乡土特色产业，充分发挥当地优势，发掘一批乡土特色产品。

在特色种养方面，可以根据当地气候条件和土壤环境，培育适宜的特色农作物和畜牧品种，推动特色农产品的生产和加工。同时，加强对地方小品种种质资源的保护和利用，促进农作物品种资源的多样性和保护，为乡土特色产业的可持续发展提供坚实基础。

此外，应当充分挖掘农村各类非物质文化遗产资源，保护传统工艺，并通过创新和传承，开发一批具有当地特色和文化内涵的乡土特色产业。不仅如此，还可以借助非遗资源，培育特色手工业、特色建筑风貌、特色文化旅游等产业，推动乡村经济的多元化发展。

（2）建设一批特色产业基地

在当前乡村振兴战略背景下，围绕特色农产品优势区建设一批特色产业基地是推动农村经济发展的重要举措。通过积极发展多样化的特色种养项目，可以充分发挥当地的资源优势和产业特色，提高农产品附加值，促进农民增收致富。同时，在建设特色产业基地的过程中，还要支持规范化乡村工厂和生产车间的建设。规范化的生产车间和工厂能够提高生产效率，保障产品质量和安全，推动特色农产品的绿色化生产。这一系列措施将为乡村经济的发展注入新动力，进而促进农村产业的升级转型，实现乡村振兴目标。

（3）打造一批特色产业集群

做精乡土特色产业需要打造一批特色产业集群。特色产业集群的建设可以实现规模效应和集约化生产，促进产业链条的延伸和完善，提高生产效率，降低生产成本，增强特色产品的市场竞争力。同时，通过集群效应，相关企业和机构可以共享资源、技术、信息和市场，形成产业协同发展的良性循环，推动乡土特色产业的优化升级和品牌化发展。

3.提升农产品加工流通业

农产品加工业是指以农、林、牧、渔产品及其加工品为原料所进行的工业生产活动。通过农产品加工流通，农产品可以更广泛地流通到城乡各地，实现城乡经济的互动和共赢。因此，农产品加工流通在促进农业现代化、推动农业产业升级以及促进农民增收致富方面发挥着重要作用。

（1）创新农产品流通模式

为促进农产品流通的高效、便捷和可持续发展，需要创新农产品流通模式，完善以农产品批发市场或龙头生产加工企业为核心的流通体系。通过推动"农超对接""农餐对接""农校对接"等方式，可以实现农产品生产者和消费者之间的直接对接，进而减少中间环节，提高农产品流通效率，增加农产品附加值。

此外，促进农产品电子商务等新型流通模式的发展和应用也是推动农产品流通模式创新的重要举措。通过电子商务平台，可以实现农产品的线上销售和配送，拓展销售渠道，提高农产品的市场覆盖范围，增加农产品的流通效率和销售额。同时，电子商务还可以提供信息透明、交易便捷的平台，促进农产品生产者和消费者之间的直接互动，推动农产品流通的现代化和智能化发展。

（2）创新流通业态

为推动农产品流通领域的创新和发展，应当鼓励大型电商企业和农产品流通企业进行对接。通过大型电商企业与农产品流通企业的合作与融合，可以整合双方资源和优势，实现线上线下的融合发展，为农产品提供更广泛的销售渠道和更多元化的销售方式，并最终打造出一个扁平化的农产品流通模式。

（3）加快农产品流通体系建设

加大对农产品流通基础设施的投入，重视关键流通节点的建设。提高农产品流通技术，推广农产品流通加工技术、冷链物流等现代农产品流通作业技术的应用，有效降低农产品在流通作业环节的损耗。加快构建农产品综合信息服务平台，不断提高农业综合生产能力。

4.优化乡村休闲旅游业

乡村休闲旅游业作为一种新兴产业，不仅仅是农业功能的拓展，更是对乡村价值的发掘和业态类型的创新。通过不断创新和完善乡村休闲旅游业，可以促进农村经济的多元化发展，提升乡村形象和吸引力，为乡村振兴和农民增收致富注入新的活力。

（1）建设乡村休闲旅游重点区

为了优化乡村休闲旅游业，需要积极推动建设乡村休闲旅游重点区。这些重点区是指在旅游资源优渥的乡村地区，通过整合资源、规划布局、提升服务水平等措施，打造具有示范性和辐射带动作用的旅游目的地，以实现乡村休闲旅游的可持续发展和提升。

建设乡村休闲旅游重点区不仅可以促进当地经济的发展、增加农民收入，还可以提升乡村形象、推动乡村振兴，为乡村休闲旅游业的全面发展奠定坚实基础。通过持续的努力和创新，这些重点区将成为乡村休闲旅游的亮丽名片，吸引更多游客前来体验、探访，为乡村经济注入新的活力和动力。

（2）开发乡村休闲旅游业态和产品

为了促进乡村休闲旅游业的发展，必须坚持个性化和特色化的发展方向，要充分挖掘和展示当地独特的农耕文化，让游客了解农耕传统的价值和意义，体验种植、收获等农耕活动，感受农耕文化的魅力。同时，要以美丽田园为灵感，打造宜人的乡村景观，营造宁静、优美的环境，让游客在自然风光中放松身心，享受田园风光带来的愉悦感受。

在推动乡村休闲旅游业发展过程中，要注重创新，要不断探索新的业态和产品，结合当地资源和特色，开发独具个性和创意的旅游项目，吸引更多游客前来体验。只有坚持个性化、特色化的发展方向，乡村休闲旅游业才能真正蓬勃发展，为乡村振兴和经济发展开创新的前景。

（3）建设休闲旅游精品景点

乡村休闲旅游精品工程是指通过政府引导和支持，以市场为导向，整合各方资源，重点打造具有独特魅力和高品质的乡村休闲旅游目的地。在实施过程中，需要加强规划设计，科学选址，注重环境保护，提升服务水平，打造具有示范效应和辐射带动作用的旅游景点。建设休闲旅游精品景点的过程中，政府部门可以通过出台政策措施、提供资金支持、引导社会资本等方式，为乡村休闲旅游精品工程提供有力支持。同时，要鼓励和引导企业、合作社、农户等各方参与，形成多方合作、共建共享的发展格局，推动乡村休闲旅游业健康发展。景点建设要注重提升基础设施水平，改善服务质量，打造舒适便捷的旅游环境，为游客提供优质的旅游体验。通过实施乡村休闲旅游精品工程，可以有效推动乡村休闲旅游业的发展，提升乡村旅游的品质和水平，促进乡村经济的繁荣和乡村振兴的实现。

5.发展乡村信息产业

（1）发展农村电子商务

农村电子商务的发展对于促进农村经济发展、增加农民收入、改善农村居民生活水平具有重要意义。通过发展农村电子商务，可以打破地域限制，拓宽农产品销售渠道，提高农产品的市场竞争力，促进农产品流通，实现农产品增值。同时，农村电子商务还可以促进农村产业多元化发展，推动乡村产业升级，促进农村经济的转型升级。在推动农村电子商务发展的过程中，需要加强基础设施建设，提升网络覆盖能力，培育电商人才，加强农民电商培训，激发农民参与电商的积极性，推动农村电子商务健康发展，实现乡村振兴的目标。

（2）全面推进信息进村入户

围绕信息进村入户工程进行系统部署，加快推进网络基础设施建设，使信息技术与乡村振兴紧密结合，更好地解决农业生产中的产前、产中和产后问题，让农民能充分享受便捷、经济、高效的生活信息服务。

（3）打造一体化现代互联网农业产业园

互联网农业产业园是以互联网技术为中心，对农业的信息技术进行综合，把感知、传输、控制、作业一体化，打造一个标准化、规范化的农业产业园，这样不仅能够节省人力成本，也有助于提高品质控制能力，增强对自然风险的抗击能力。

二、乡村人才振兴

（一）乡村人才的分类

从人才类别看，乡村人才主要包括农村实用人才和农业科技人才两大类。

1. 农村实用人才

农村实用人才是指那些在农业生产和农村经营中具有一定专业知识和实践技能的农村劳动者。主要包括以下6类。一是生产型人才，指在种植、养殖、捕捞、加工等领域有一定示范带动效应、帮助农民增收致富的生产能手，如"土专家""田秀才"，以及专业大户、家庭农场主等。二是经营型人才，指从事农业经营、农民合作组织、农村经济等生产经营活动的农村劳动者，如农民专业合作社负责人、农业生产服务人才、农村经纪人等。三是专业型人才，指农村教育、农村医疗等农村公共服务领域的专业技术人员，如农村教师、农村卫生技术人员等。四是技能型人才，指具有制造业、加工业、建筑业、服务业等方面特长和技能的带动型实用人才，如铁匠、木匠、泥匠、石匠等手工业者。五是服务型人才，指在农村文化、体育、就业、社会保障等领域提供服务的各类人才，如文化艺术人才，社会工作人员和金融、电商、农机驾驶及维修等技术服务人员等。六是管理型人才，指在乡村治理、带领农民致富等方面发挥着关键作用的干部和人员，如村两委成员、党组织带头人、驻村干部、大学生村官、乡贤等。

需要特别说明的是，新型职业农民指以农业为职业、具有相应专业技能、收入主要来自农业生产经营并达到相当水平的现代农业从业者。从类别归属看，新型职业农民归属于农村实用人才，在内涵上则涵盖了生产型、经营型两类，主要包括专业大户、家庭农场、农民合作社、农业社会化服务组织中的从业者。

2. 农业科技人才

农业科技人才是推动现代农业发展的关键力量。随着农业技术的不断创新和发展，农业科技人才的作用愈发凸显。这些人才不仅具备丰富的农业知识和技能，还拥有前沿的科学研究能力和创新意识，他们致力于研究和应用各种先进技术和知识，以提高农业生产效率、保障粮食安全、促进农业可持续发展。

（二）乡村人才振兴的重点领域

乡村人才类型多样、构成复杂，因此，要想实现乡村人才振兴，需要着重培养以下这些方面的人才，进而推动乡村振兴。

1. 农业生产经营人才

（1）培养高素质农民队伍

现代农民培育计划的深入实施对于推动农村经济发展、提升农民素质和技能水平具有重要意义。特别是针对适度规模经营的农民，开展全产业链培训，为其提供全方位的技术指导和服务，能够帮助他们更好地融入现代农业生产体系，提高农业生产效益和竞争力。同时，利用网络教育资源加强农民在线培训也是培养高素质农民队伍的重要途径。通过利用现代信息技术手段，可以实现教育资源的共享和普及，让更多农民接受到专业的培训和教育，进而提高他们的农业生产技能和管理水平。这些举措有助于激发农民的创业热情，提升农村劳动力素质，推动农村经济的全面发展和乡村振兴的实现。

（2）突出抓好家庭农场经营者、农民合作社带头人培育

在农业发展中，家庭农场经营者和农民合作社带头人的培育至关重要。家庭农场经营者作为农业生产的基本单位，承担着农产品供给的重要责任。而农民合作社作为一种组织形式，能够整合资源、提高农业产业化水平，提升农民的集体意识和组织能力。因此，通过抓好家庭农场经营者和农民合作社带头人的培育，可以促进农业生产方式的转变，推动农业现代化进程，提高农民的生产技术水平和管理能力。同时也有助于优化农业产业结构，提升农产品的品质和附加值，增加农民的经济收入、提高生活质量。

2. 农村二三产业发展人才

（1）培育农村创业创新带头人

深入实施农村创业创新带头人培育行动是推动乡村振兴和农村经济发展的关键举措。通过培育一批具有创新精神和创业能力的农村带头人，可以激发农民的创业热情，促进农村经济的多元化发展。同时，引导金融机构开发适合农村创业创新需求的金融产品和服务方式，能够为农村创业者提供资金支持和金融保障，

能够激发农村创业者的创新活力，助力他们实现农村创业梦想，进而推动乡村经济的蓬勃发展。

（2）加强农村电商人才培育

随着电子商务在农村地区的普及和应用，培育具备电商专业知识和技能的人才对于拓展农村电商市场、提升农产品销售渠道来说越发重要。通过加强农村电商人才培育，可以推动农村产业结构优化、促进农产品的品牌化，进而能提高农民的收入水平和生活质量。

培育农村电商人才不仅需要注重理论知识的传授，更需要实践能力和创新意识的培养。为此，可以建立针对农村电商从业人员的培训计划和课程体系，提供电商实战操作技能的培训和指导，帮助他们更好地应对市场竞争和挑战。同时，还需要引导专业机构和企业参与农村电商人才培育，促进农村电商人才与市场需求的对接，推动农村电商行业的健康发展。通过培育具有电商专业知识和实践经验的人才，可以为农村电商行业的持续发展和乡村振兴战略的实施提供坚实的人才支撑和智力保障。

（3）培育乡村工匠

挖掘培养乡村手工业者和传统艺人能够促进乡村的文化传承，并促进乡村的振兴。通过设立名师工作室、大师传习所等机构，可以为乡村手工业者和传统艺人提供学习交流的平台，激发他们的创作热情和创新能力。同时，应当鼓励高等学校和职业院校开展传统技艺传承教育，将传统技艺的精髓传承给更多的学习者，推动传统文化的传承和发展。不仅如此，还应当支持传统技艺人才创办特色企业，促进乡村特色手工业的发展，推动乡村经济的多元化和可持续发展。培育乡村工匠不仅有助于保护和传承乡村传统文化，还可以为乡村经济注入新的活力，实现乡村振兴战略的全面落实。

3. 乡村公共服务人才

（1）加强乡村教师队伍建设

加强乡村教师队伍建设，可以提高乡村教师的专业水平和教学质量，促进农村学校教育教学水平的整体提升。而强化乡村教师的队伍建设，需要实施城乡统一的中小学教职工编制标准。落实城乡统一的中小学教职工编制标准，意味着在编制数量、待遇福利等方面，对城乡教师实行同等对待，从根本上解决乡村教师编制不足、待遇低下等问题，提升乡村教师的工作积极性和教学质量。同时，强化乡村教师队伍建设还需要注重教师队伍结构的优化和教师队伍的稳定性。应加强乡村教师的培训和培养，引导更多优秀的教师到乡村学校任教，建立健全的激励机制和评价体系，留住乡村教师人才，提高乡村学校教育教学质量，推动乡村教育事业的全面发展。

（2）加强乡村卫生健康人才队伍建设

加强乡村卫生健康人才队伍建设是保障农村居民健康、促进乡村全面发展的重要举措。加强乡村卫生健康人才队伍建设，可以提高农村地区卫生服务水平，满足农村居民健康需求，推动健康扶贫和乡村振兴战略的深入实施。

在加强乡村卫生健康人才队伍建设过程中，需要注重以下几个方面：首先，加强卫生健康人才的培训和引进，提升其专业水平和服务能力，充实乡村卫生健康人才队伍。其次，建立健全的乡村卫生健康人才激励机制，激发其工作积极性和创新能力。再次，加强乡村卫生健康人才队伍的管理和监督，确保其服务质量和效果。最后，注重乡村卫生健康人才队伍的稳定性和持续发展，为乡村卫生健康事业的长期发展奠定坚实基础。

（3）加强乡村文化旅游体育人才队伍建设

加强乡村文化旅游体育人才队伍建设是推动乡村旅游业发展、挖掘乡村文化资源、促进乡村体育健康事业发展的关键举措。通过加强乡村文化旅游体育人才队伍建设，可以促进乡村旅游业的繁荣发展，挖掘和传承乡村文化遗产，推动乡村体育健康事业的发展，实现乡村振兴战略的全面落实。这将为乡村经济的全面发展和乡村社会的全面进步提供重要支撑和保障。

（4）加强乡村规划建设人才队伍建设

加强乡村规划建设人才队伍建设是推动乡村可持续发展、优化乡村空间布局、提升乡村生活品质的重要举措。通过加强乡村规划建设人才队伍建设，可以实现乡村空间布局的科学化、合理化，提升乡村基础设施建设水平，改善乡村居民生活环境，推动乡村经济社会全面发展。这将为乡村振兴战略的实施提供有力支撑，助力乡村可持续发展和乡村生态文明建设。

4. 乡村治理人才

（1）加强乡镇党政人才队伍建设

选优配强乡镇领导班子，建立乡镇领导干部选拔机制，是推动乡镇治理能力提升、促进基层治理现代化的重要举措。通过建立科学合理的选拔机制，实行乡镇编制专编专用政策，落实乡镇工作补贴政策，可以激励乡镇干部队伍的积极性和责任感，确保他们更好地履行职责，服务基层群众。

在实施乡镇领导干部选拔机制方面，需注重以下几个方面：首先，建立公平公正的选拔机制，注重选拔人才、重用人才，确保乡镇领导班子的专业化和稳定性。其次，落实乡镇编制专编专用政策，保障乡镇干部队伍的编制和待遇，吸引优秀人才留在基层工作。再次，落实乡镇工作补贴政策，确保乡镇机关工作人员的收入水平高于县直机关同职级人员，提升基层工作人员的干事创业热情。最后，实施艰苦边远地区乡镇公务员考录政策，降低考试门槛和开考比例，吸引更多本地和有丰富生活工作经验的人员参与基层工作，提升基层治理水平。

落实以上措施，可以有效提升乡镇领导班子的整体素质和管理水平，推动乡镇治理现代化进程，促进乡村振兴战略的全面实施，为建设美丽乡村、实现乡村全面振兴提供有力支撑。

（2）推动村党组织带头人队伍整体优化提升

坚持以政治标准为首要依据，选拔具有良好思想政治素质、道德品行、带领群众致富能力强、公道正派、廉洁自律的党员担任村党组织书记是推动乡村治理现代化、促进村庄振兴的重要举措。通过重点培养选拔本村致富能手、返乡人员、本地大学毕业生、退役军人中的党员担任村党组织书记，可以有效提升村庄党组织领导层的素质和能力，推动乡村经济社会发展。

（3）实施"一村一名大学生"培育计划

实施"一村一名大学生"培育计划是推动乡村人才振兴的关键举措。该计划旨在将大学生资源与乡村发展需求相结合，通过在每个村庄安置一名大学生，促进乡村振兴和人才输送。这一计划的实施将为乡村注入新鲜血液，提升当地居民的教育水平和技能，推动乡村经济社会的发展。

在实施"一村一名大学生"培育计划时，应注重以下几个方面：首先，应鼓励高等职业学校根据乡村振兴需求开设相关的专业，确保选派的大学生具有相关专业背景和实践能力，能够为当地乡村发展提供专业支持。其次，支持村干部、新型农业经营主体带头人等接受职业高等教育，提升其治理能力和水平；再者，选派选调生到村任职。最后，鼓励多渠道招录大学毕业生到村工作，扩大"三支一扶"计划招募规模，吸引更多优秀人才到乡村从事工作。

通过"一村一名大学生"培育计划的实施，可以有效促进乡村人才振兴，激发乡村发展活力，推动乡村经济社会的全面发展，实现乡村振兴战略目标。

5. 农业农村科技人才

（1）培养农业农村高科技领军人才

推动农业农村领域的科技创新和发展，关键在于培养农业农村高科技领军人才。在实施培养农业农村高科技领军人才的举措方面，应注重以下几个方面：首先，国家人才工程和人才专项应加大对农业农村领域的支持力度，保障高科技人才的培养和引进。其次，推进科研杰出人才培养计划，重点培育农业农村领域的科技创新人才。再次，实施"引才计划"，吸引国内外优秀科技人才到农业农村地区工作。最后，加强优秀青年后备人才的培养，为他们提供发展平台和支持，推动他们在农业高新技术产业示范区、科技园区等地区展开创新工作。通过以上措施的实施，可以有效提升农业农村领域的科技创新能力，推动农业现代化和乡村振兴，实现农业高质量发展和农村全面振兴的目标。

（2）培养农业农村科技创新人才

培养农业农村科技创新人才是实现农业现代化、推动农村振兴的关键举措。农业农村科技创新人才不仅需要具备扎实的专业知识和技能，还需要具备创新意识、实践能力和团队合作精神。他们应当具备跨学科的知识背景，能够将前沿科技与农业生产相结合，推动科技创新在乡村的落地和应用。在加强农业农村科技创新人才培养方面，需重点考虑以下几个方面。首先，要建立健全科研立项、成果评价和转化机制，激励科技人才积极投入科研创新工作。其次，完善激励措施，如推行兼职兼薪制度、股权期权分享计划等，吸引和留住优秀科技人才。再次，鼓励科技人才创办企业，推动科技成果转化为生产力。最后，加强与高校、科研院所等机构的合作，促进科技人才的培养和交流，推动农业科技创新和应用。这些举措将为农业领域的人才培养和科技创新注入新的活力，为构建现代化农业体系和美丽乡村贡献力量。

（3）培养农业农村科技推广人才

培养农业农村科技推广人才是推动科技进农、科教兴农的关键环节。这些人才需要具备扎实的农业科技知识和推广技能，能够将科研成果有效地传播给广大农民，促进农业生产方式的转型升级，提高农民的生产效率和经济收益。为了培养优秀的农业农村科技推广人才，可以采取一系列措施：一是建立健全的培训体系，包括开展培训班、实践指导等形式，提升人才的专业水平和实践能力；二是全面实施农技推广服务特聘计划，深化农技人员职称制度改革，突出实际贡献和业绩水平，以此激发农技人员的工作积极性和创造力；三是鼓励地方对农村专业人才发放补贴，开展"最美农技员"评选活动，推动科研院所和高校专家服务基层，促进科技成果在农村的广泛应用和推广，推动农业现代化和乡村振兴进程。通过培养农业农村科技推广人才，可以加速科技成果在农村的推广应用，提高农民的科技水平和生产技能，推动农业生产方式的现代化和智能化发展。这些人才将成为科技普及和推广的中坚力量，助力农业现代化进程，促进农村经济的全面发展和乡村振兴战略的实施。

三、乡村文化振兴

（一）乡村文化的内涵和作用

1. 乡村文化的内涵

乡村文化是由乡村居民在长期生产、生活中形成的生活习惯、心理特征和文化习性，是乡村居民的信仰、操守、爱好、风俗、观念、习惯、传统、礼节和行为方式的总和，主要包括农村精神文明、农耕文化、乡风文明等。

（1）农村精神文明

农村精神文明是以社会主义核心价值观为引领，弘扬民族精神和时代精神，体现社会公德、职业道德、家庭美德、个人品德的思想文化阵地，各级政府应通过文化服务中心、广播电视、电影放映、农家书屋、健身设施、文化志愿服务等形式和设施，向农村居民提供公共文化产品和服务。

（2）农耕文化

农耕文化主要反映传统农业的思想理念、生产技术、耕作制度等农业生产方式的变迁，是农村社会的主要文化形态和主要精神资源，如"男耕女织"及传统的生产工具，田园风光及间作、混作、套作等生产技术，以及农业遗迹、灌溉工程遗产。农耕文化还具有多元性，如西南的梯田文化，北方的游牧文化，东北的狩猎文化，江南的圩田文化、蚕文化、茶文化等。

（3）乡风文明

乡风文明主要反映农村居民的生活方式、生活习俗等。如文物古迹、传统村落、民族村寨、传统建筑等生活空间；礼仪文化，如家庭为本、良好家风、中华孝道、尊祖尚礼、邻里和谐、勤俭持家等；民俗文化，如节庆活动（春节庙会、清明祭祖、端午赛龙舟、重阳登高等）、民间艺术（古琴、年画、剪纸等）、民间故事、民歌、船工号子等；传统美食和非物质文化遗产等。同时，基于农耕文化、乡风文明的保护传承，应将现代城市文明的价值理念与乡村特色文化产业发展相融合，不断赋予乡村文化新的时代内涵。

2. 文化在乡村振兴中的作用

（1）文化为乡村振兴凝聚精神动力

乡村振兴战略作为一个城乡融合、协调推进、产业融合、文化守护和改革创新的国家战略，要求全党全社会共同参与和行动。在实施乡村振兴战略过程中，文化的作用不可忽视。文化传承和发展是乡村振兴的基础，可以增强乡村凝聚力和认同感，推动乡村经济社会发展。通过宣传文化传统、弘扬乡土文化、挖掘乡村历史，可以激发乡村发展的活力和创造力，引导乡村建设走向文化繁荣之路。

为了使文化更好地为乡村振兴凝聚精神动力，确保乡村振兴战略的有效实施，需要充分发挥新闻媒体的主渠道作用，通过多种形式进行全方位宣传，营造强大的舆论氛围。可以通过报纸、电视、网络等新闻媒体渠道，广泛宣传乡村振兴战略的政策意图、举措和成就，让更多的人了解并支持这一重要战略，形成全社会推动乡村振兴的合力。同时，可以利用农村广播站、乡镇文化活动中心等，开展广泛宣传，营造良好的学习氛围和思想认同。组建宣讲团队，由专业人员以通俗易懂的方式解释战略内容，向农民群众宣讲政策，加强对乡村振兴战略的理解和信心，激发他们的积极性和创造性，参与战略实施过程。此外，还可以利用农民喜欢的文化形式，如民间戏曲、村级文艺演出等，生动宣传乡村振兴战略，使其深入人心。开展形式多样、内容丰富的宣传活动，可以让乡村振兴战略走进千家万户，拉近战略与农民之间的距离，为乡村振兴凝聚精神动力，增强农民对战略的认同感和积极性。

（2）文化为乡村振兴提供产业发展动能

乡村文化振兴不仅仅是传统文化的传承与发展，更是对当代乡村生活方式、价值观念的引领和引导。通过挖掘和传承乡村文化资源，可以为乡村振兴注入独特的文化气息和精神力量，激发乡村居民的内生动力，提供产业发展动能，推动乡村振兴的全面发展。

首先，文化建设会为乡村振兴提供智力支持。农民作为乡村振兴战略的主力军，其个体和群体素质直接决定了战略的实施效果。文化建设可以提升农民的思想道德水平，有助于培育社会主义核心价值观，传承中华优秀传统文化，增强农民的文明素养和社会责任感，推动形成文明乡风、淳朴民风，为乡村振兴营造良好的精神氛围。同时，文化建设也有助于提升农民的科技文化素质，促进农民的科学文化知识水平和信息化素养，引导农民走上现代化发展之路，适应新时代的生产生活需求。

其次，文化建设能够推动乡村文化产业发展，促进形成多样化、独特化的文化产品和服务，推动乡村文化产业的蓬勃发展。一方面，利用丰富文化资源的乡村可以打造独特的文化产业。通过挖掘和利用乡村丰富的民俗传统、地方特色等资源，可以孕育文化创意产业、文化旅游产业、文化艺术表演产业等多元化的文化产业，为乡村经济注入新的动力和活力。另一方面，缺乏文化资源的乡村可以通过文化再造赋予新的价值和内涵，促进乡村文化产业的发展。在文化建设的引领下，可以通过文化创意设计、文化创新传播等方式，赋予乡村新的文化内涵和时代价值，推动传统手工艺、乡土特色产品等的转型升级，拓展乡村文化产业的发展空间。

最后，文化建设对于推动文化与农业、旅游等产业融合发展具有重要意义。通过挖掘乡村丰富的文化资源，赋予农产品更深的文化内涵和历史渊源，可以提升农产品的品质和附加值，满足消费者对于文化产品的需求，推动乡村特色农产品的市场发展。同时，文化与旅游的融合也可以深度开发乡村文化资源，推动差异化文化旅游产业的发展。通过结合乡村丰富的历史文化、民俗风情等资源，可以打造独具特色的文化旅游产品和体验项目,进而吸引游客前来感知乡村文化魅力,推动乡村旅游业的蓬勃发展。

总之,乡村文化建设是乡村振兴的重要支撑和基础,对于实现乡村振兴目标至关重要。加强乡村文化建设,推广科学知识和现代文明理念,开展移风易俗等行动,培育文明乡风、良好家风,抵制腐朽落后文化侵蚀,能够为乡村振兴提供民风淳朴的人文环境,促进乡村社会文明程度的提升。

(二)乡村文化振兴的重点领域

1. 加强农村思想道德建设

通过加强乡村文化建设,加强农村思想道德建设,培育文明乡风,抵制腐朽文化侵蚀,能够为乡村振兴提供淳朴人文环境,实现乡村振兴战略目标。

(1)筑牢理想信念之基

"人民有信仰,国家有力量,民族有希望",凝聚了中国特色社会主义的核心理念,强调了信仰对于国家和民族振兴的重要性。在新时代,坚持用习近平新时代中国特色社会主义思想武装全党、教育人民,是确保国家长治久安的关键,这种做法不仅有助于引导人们深刻理解习近平新时代中国特色社会主义思想的丰富内涵和时代意义,而且能够在广大人民心中树立起坚定的信仰信念,为实现中华民族伟大复兴的中国梦奠定思想理论基础。特别是在农村,广泛开展思想道德教育更为重要。只有引导农民深入学习习近平新时代中国特色社会主义思想,不断提升农民群众的思想境界,才能让他们真正认识到实现中国梦的使命和责任,汇聚起推动国家发展进步的磅礴力量。

(2)培育弘扬社会主义核心价值观

社会主义核心价值观是中国特色社会主义的精神支柱,是引领全社会价值观念的重要指导,也是农村建设的重要思想基础。习近平总书记指出,核心价值观对于维护社会的和谐稳定,以及实现长治久安具有至关重要的作用。通过在农村地区深化社会主义核心价值观的宣传教育,可以帮助农民群众树立正确的世界观、人生观和价值观,从而进一步增强农民群众的文化自信和社会责任感,促进社会的和谐发展。这样的努力不仅有利于凝聚国家力量,也为维护国家长治久安提供了重要的思想道德支撑。因此,在农村地区深化社会主义核心价值观的宣传教育是当前的重要任务,也是未来的长远目标。

(3)倡导诚信道德规范

为了实现乡村振兴,促进社会文明进步、构建和谐社会、深入实施公民道德建设工程至关重要。这一工程旨在推动社会公德、职业道德、家庭美德以及个人品德的不断提升。其中,需要特别强调的是诚信建设,需要加强农民群众的社会责任意识、规则意识、集体意识和主人翁意识的培养。同时,还要建立健全的农村信用体系,完善守信激励和失信惩戒机制,以保障社会信用体系的良性发展。此外,为倡导诚信道德规范,还可以选择树立道德典范,广泛举办评选活动,如"最美乡村教师""最美医生""最美村干部"等,同时宣传诚信道德模范和身边的典型事迹,倡导学习先进典范,建立先进模范长效发挥的机制,激励更多人向他们学习,推动正能量的传播和弘扬。这些举措将有助于凝聚社会共识,促进社会和谐稳定,为构建文明、和谐、美好的社会作出积极贡献。

2. 弘扬乡村优秀传统文化

乡村文化是乡村全面发展的有机组成部分,传承发展提升农村优秀文化是文化振兴的重要任务。

(1)保护利用乡村传统文化

为了保护和传承乡村传统文化,需要实施乡村传统文化传承保护工程。这一工程的核心目标是深挖乡村文化中所蕴含的优秀思想观念、人文精神和道德规范,使其得到传承和发扬。通过对乡村传统文化的深入研究,可以发现其中蕴藏的智慧和价值,从而为当代社会的发展提供借鉴和启示。同时,还要实施传统文化乡镇、传统村落及传统建筑维修、保护和利用工程,划定乡村建设的历史文化保护线,分批次开展重点保护项目规划、设计、修复和建设工程,推进历史文化名镇、名村、传统民居、古树名木保护工作。

不仅如此,为了促进我国农村地区优秀文化的传承和发展,我们需要支持和保护各种形式的文化遗产,包括戏曲曲艺、少数民族文化、民间文化等,这些文化形式承载着丰富的历史和民俗内涵,是我国文化传统的重要组成部分,有助于增强农村地区文化的活力和吸引力。同时,我们也需要整理保护具有地方特色的物质文化遗产,如传统建筑、工艺品等。这些物质文化遗产代表着当地特有的艺术风格和生活方式,具有重要的历史和文化价值。通过保护和整理这些遗产,可以加强人们对传统文化的认同感,同时也有助于推动当地旅游和经济的发展。

为了更好地保护这些乡村传统文化遗产,政府需要完善相关的保护制度,建立健全的管理机制。同时,还应该实施文化遗产传承发展工程,通过政府、社会组织和个人的共同努力,推动我国乡村传统文化遗产的传承和发展,使之在当代社会中焕发新的生机和活力,这样不仅可以丰富人们的文化生活,而且可以促进乡村振兴战略的实施,从而有助于传承和弘扬中华优秀传统文化。

（2）重塑乡村文化生态

要实现乡村振兴和建设美丽乡村的目标,必须深入挖掘乡村的特色文化符号,重塑乡村文化生态,充分盘活地方和民族独特的文化资源,推动乡村朝着特色化、差异化的发展道路前进。在这一过程中,我们需要以形神兼备为指导原则,既注重保护乡村原有的建筑风貌和村落格局,又要将民族民间文化元素有机融入乡村建设中。对此,我们需要深度挖掘乡村的历史古韵和独特文化底蕴,有效弘扬乡村的人文之美,重塑诗意闲适的人文环境和绿树成荫、青青田野的居住环境,从而重现原生态的田园风光和乡情乡愁。这种文化的挖掘和传承不仅可以增强乡村的吸引力,而且还有助于培育当地居民的文化自信和认同感,为乡村振兴注入新的活力。同时,在重塑乡村文化生态过程中,需要引导企业家、文化工作者、退休人员、文化志愿者等多方参与,共同丰富农村的文化业态。他们可以通过开展文化活动、举办艺术展览、传承民间技艺等方式,为乡村注入更多文化活力,同时也能促进当地经济的增长。只有多方共同努力,才能实现乡村文化的繁荣与传承,才能早日实现乡村振兴的伟大目标。

（3）发展乡村特色文化产业

为了弘扬乡村优秀的传统文化,我们必须着力发展乡村特色文化产业。发展乡村特色文化产业不仅可以促进当地文化资源的保护和传承,也可以为乡村经济发展注入新的动力。同时,乡村特色文化产业的发展还可以带动当地居民就业创业,促进农村人口的留守和流入。对此,我们可以通过打造文化创意产品、开展文化旅游活动、举办传统文化节目等方式,吸引更多游客和投资者前来乡村,推动当地经济的繁荣和增长。此外,还可以通过培育乡村文化创意人才,激发他们的创造力和潜力,打造一批具有竞争力和影响力的文化品牌,助力乡村振兴战略的实施。只有文化产业蓬勃发展,才能实现乡村的文化繁荣、经济繁荣和社会繁荣的良性循环，为乡村建设美丽乡村和实现乡村振兴注入新的动力和活力。

3.强化乡村公共文化服务

为了提升广大农民的精神文化生活水平，我们需要推动城乡公共文化服务体系的融合发展，增加优秀乡村文化产品和服务供给，活跃并繁荣农村文化市场。这样可以为农民群众提供更丰富多彩、高品质的文化享受，满足其精神需求，促进农村文化事业的繁荣和发展。

（1）健全公共文化服务体系

为了促进农村文化事业的发展，我们应当积极推动县级图书馆、文化馆总分馆制度的建设，这一举措有助于发挥县级公共文化机构的辐射作用，扩大文化服务的覆盖范围。同时，还需要扩大农村新闻出版、广播电视的覆盖体系，推动数字广播电视的户户通，探索创新农村电影放映的方式和模式，推进农家书屋的延伸服务和提质增效工作。在实施上述举措的过程中，我们还要持续推进公共数字文化工程，积极发挥新媒体的作用，让农民群众能够便捷获取优质的数字文化资源，丰富他们的精神文化生活。另外，还需完善乡村公共体育服务体系，推动乡村健身设施的全面覆盖，让农民群众能够享受到更多元化、便捷化的体育健身服务。以上多方面的努力，可以促进农村文化事业的蓬勃发展，提升农民群众的精神文化生活水平，为构建富有活力和魅力的乡村文化环境奠定坚实基础。这样有助于推动乡村振兴战略的顺利实施，为建设美丽乡村、实现乡村全面复兴贡献力量。

（2）广泛开展群众文化活动

为了强化乡村公共文化服务，我们需要广泛开展群众文化活动，以激发农民群众的文化参与热情，丰富他们的精神文化生活。丰富多彩的文化活动能够让农民群众自觉参与其中，享受文化带来的乐趣和启发，并增强其文化自信，促进文化艺术的传承和创新。

在乡村开展群众文化活动时，可以结合当地的文化特色和资源优势，举办各类文艺演出、手工艺制作、传统节庆等活动，吸引农民群众的参与。同时，也可以组织文化知识讲座、书画培训、文化体验活动等，提升农民群众的文化素养和审美能力。此外，还可以借助现代科技手段，如举办线上文化活动、数字文化展览等，拓展文化传播的渠道，让更多的农民群众参与其中。通过不断丰富和深化群众文化活动，可以缩小城乡文化差距，促进文化资源的均衡配置，实现乡村公共文化服务的全面覆盖和提升，可以推动乡村文化事业的蓬勃发展，为乡村振兴注入更多文化活力。

四、乡村生态振兴

（一）乡村生态振兴的内涵和作用

1. 乡村生态振兴的内涵

乡村生态振兴是一项系统工程，既涉及农村山水林田湖草等自然生态系统的保护和修复，也涉及农业生产方式和农民生活方式等人居环境。

乡村生态振兴有四大目标，这四大目标涵盖了农村生态系统健康、农业资源利用、环境污染治理和农民居住环境改善，其具体内容为：

（1）农村生态系统健康目标，旨在提高乡村生态系统的生产力、恢复力和活力，维持生物多样性，降低人为扰动和利用强度，从而实现农村生态环境的可持续发展。

（2）农业资源高效利用目标，即保护和开发水、土、草原、森林等重要农业资源，提高资源质量，推广环境友好型种养品种和模式，以提高资源利用率和产出率，促进农业可持续发展。

（3）农业环境污染治理目标，其重点是在农村土壤和水污染控制，减少化学品投入，加强重金属污染区的土壤修复，提高农业环境的自我修复能力，以保障农产品的质量和安全。

（4）农民居住环境改善目标，包括推进"厕所革命"、治理农村垃圾和污水，提升村容村貌，严格控制工业和城镇污染向农村的转移，改善农民的生活环境和生活质量。

通过实现这四大目标，可以有效推动乡村生态振兴，实现农村生态环境的良性循环，提升农业生产效益，改善农民生活条件，促进乡村可持续发展。

2. 乡村生态振兴的作用

（1）生态振兴是改善乡村生态环境的有力举措

在改革开放40多年的发展历程中，我国的经济快速发展，各项事业取得了长足的进步，但是也不可避免地造成了自然资源的巨大消耗，损害了我国的生态环境。特别是在乡村地区，随着城镇化和工业化的加速推进，乡村生态环境问题日益突出，成为制约乡村发展的重要因素。为实现乡村的绿色发展和健康发展，解决生态环境问题至关重要。而生态振兴作为治理乡村环境污染、保持生态系统稳定的有效途径，能够妥善处理生态保护与乡村经济发展之间的关系，实现农村富裕与环境美丽的统一，为乡村全面振兴打下生态环境基础。

（2）生态振兴是实现乡村全面振兴的绿色根基

在当下，生态振兴不仅是乡村振兴的必然选择，更是其绿色根基。生态振兴作为乡村全面振兴的绿色根基，首先体现在环境可持续性发展方面。通过保护水资源、减少土壤污染、植树造林等手段，可以改善乡村的生态环境，为农民提供更好的生活条件。其次，生态振兴也可以促进农业生产的可持续性发展，推动绿色农业的发展，并通过减少农药、化肥的使用，提高农产品的品质和安全性。最后，生态振兴还能促进生态旅游、生态农业等产业的发展，从而为乡村带来更多的就业机会和经济收入，促进乡村经济的多元化发展。不仅如此，通过生态振兴，还可以提升乡村的形象，吸引更多的游客和投资者，推动乡村全面振兴。

（3）生态振兴是践行生态文明战略的必然选择

乡村生态系统承载着丰富的生物多样性和生态资源，是整个国家生态文明建设的关键组成部分。乡村生态环境的良好与否直接关系到农村居民的生活质量和健康，也影响着整个生态系统的平衡和稳定。因此，实施生态振兴是我们践行生态文明战略的必然选择。通过加强乡村生态环境保护工作，可以提升农村居民的生活品质，促进农村经济的可持续发展，同时也有利于整个国家生态系统的健康和稳定。生态振兴的目的不仅是改善当前乡村环境，更在于使子孙后代能够继续享受美好的自然环境。通过推动生态振兴，我们可以实现乡村生态与经济的良性循环，为构建美丽乡村、绿色乡村、宜居乡村奠定坚实基础，为推动全面建设社会主义现代化国家目标迈出重要一步。

总之，生态振兴是践行生态文明战略的必然选择，对于实现可持续发展目标具有重要意义。通过推动生态振兴，可以促进生态平衡、资源可持续利用和环境保护，为构建美丽中国、建设现代化经济体系和推进可持续发展提供坚实的基础，推动经济社会发展朝着更加绿色、可持续的方向发展。

（二）乡村生态振兴的重点领域

1. 发展绿色农业

绿色农业作为一种发展模式，强调在农业生产过程中平衡发展与环境保护的关系，其核心目标在于促进农业的可持续发展，提高农产品质量，在增加农户收入的同时，注重对环境的保护，确保农产品无污染。这种农业发展类型不仅关注农业产出的数量，更重视产出的质量和生态效益。

（1）推进化肥农药减量增效

①推进化肥减量增效

在推进农业可持续发展的过程中，化肥减量增效是一项重要的战略举措，因此，需要通过技术集成和创新，推广科学施肥技术，使用新型肥料，以实现农业生产的高效、节约和环保。

首先，推广科学的施肥技术可以提高施肥效率，减少施肥浪费，确保肥料充分利用，降低对环境的污染风险。种肥同播则能够实现一次性施肥、播种，减少人工成本，提高农作物的吸肥效率，同时减少化肥的使用量。其次，推动新型肥料的应用也是化肥减量增效的重要途径。缓释肥、水溶肥等新型肥料具有释肥效果持久、利用率高的特点，可以减少化肥的频繁施用，降低对土壤的负面影响，提高农作物的产量和质量。再次，有机肥替代是推进化肥减量增效的重要策略之一，推广有机肥，可以改善土壤质地，增加土壤有机质含量，提升土壤肥力，减少对化肥的依赖，实现农业生产的可持续发展。最后，培育专业化服务组织和推动农企合作推进测土配方施肥也是重要举措。通过建立专业化的农业技术服务体系，能够提供施肥技术指导和咨询服务，并根据土壤状况和作物需求进行精准施肥，实现化肥的科学、合理利用。

②推进农药减量增效

为提高农业生产的可持续性和环境友好性，推进农药减量增效是当务之急。通过推行统防统治，支持并培育一批专业化病虫害防治服务组织，实施统防统治措施，可以有效提高病虫害防治的效果，带动群防群治，从根本上改善防治效果，减少农药使用量，降低环境污染风险。同时，还可以推广新型高效植保机械，支持创制推广喷杆喷雾机、植保无人机等先进的高效植保机械，提高农药利用率；

推进科学用药，开展农药使用安全风险评估，推广应用高效低毒低残留新型农药，逐步淘汰高毒、高风险农药。这些举措将有助于提升农产品质量、增强农产品市场竞争力，同时保护生态环境，促进农业可持续发展。通过推进农药减量增效和绿色防控技术的推广，可以实现农业生产方式的转变，促进农业可持续发展，为构建绿色生态农业体系做出积极贡献。

（2）促进畜禽粪污和秸秆资源化利用

①推进养殖废弃物资源化利用

在推动农业绿色可持续发展的过程中，养殖废弃物资源化利用是一项重要举措。为实现这一目标，首先，需要健全资源化利用制度，规范养殖废弃物的处置和利用，明确相关部门的职责和监管机制，为资源化利用提供制度性保障。其次，需要通过技术培训、设备更新等措施，提升从业人员的技术水平和意识，增强养殖废弃物的资源化利用能力，确保处理设施的正常运行和效率提升。再次，还可以通过信息化手段，实现对养殖废弃物的监测、数据统计和管理，为资源化利用提供科学依据和决策支持，促进畜禽粪污处理的标准化和智能化。同时，还可以通过技术创新和产业链整合，将畜禽粪污转化为能源产品，如沼气、生物质颗粒等，实现废物变废为宝，推动循环经济发展。最后，还需要减少养殖污染排放，推进水产健康养殖，减少养殖尾水排放。鼓励因地制宜制订地方水产养殖尾水排放标准。

②推进秸秆综合利用

在东北平原、华北平原、长江中下游地区等粮食主产区，系统性推进秸秆粉碎还田。促进秸秆饲料化，鼓励养殖场和饲料企业利用秸秆发展优质饲料，将畜禽粪污无害化处理后还田，实现过腹还田、变废为宝。推进粮食烘干、大棚保温等农用散煤清洁能源替代。建立健全秸秆资源台账，强化数据共享应用。严格禁烧管控，防止秸秆焚烧带来区域性大气污染。

（3）加强白色污染治理

随着绿色农业的发展，白色污染问题日益凸显，加强白色污染治理成为当务之急。白色污染主要指塑料薄膜、泡沫塑料等农业生产中使用的一次性塑料制品在农田和农村环境中造成的污染问题。这些塑料制品难以降解，会对土壤、水源和生态系统造成严重影响，危害农业生态环境和人类健康。因此，为了实现绿色农业的可持续发展，必须加强白色污染治理。

加强白色污染治理可以通过一系列措施来实现，包括推广可降解材料替代一次性塑料制品、建立废弃物回收处理体系、加强农田环境监测和治理等。推动农业生产中的塑料制品减量化、可循环利用和资源化利用，是减轻白色污染压力的关键举措。同时，加强对农田和农村环境中白色污染的监测和治理，建立健全的治理机制和政策法规体系，形成全社会共同参与的白色污染治理格局，共同推动绿色农业的可持续发展。通过加强白色污染治理，可以有效改善农业生态环境质量，促进农业生产方式的转变，推动农业向绿色、可持续的方向发展，实现农业与生态环境的良性互动，为建设美丽乡村和实现可持续农业发展目标作出重要贡献。

2. 持续改善农村人居环境

农村人居环境以建设美丽宜居村庄为导向，以农村垃圾处理、污水治理和村容村貌提升为重点，旨在加快补齐乡村人居环境领域短板，并建立健全可持续的长效管护机制。《农村人居环境整治提升五年行动方案（2021—2025年）》的实施将成为推进乡村振兴、加快农业农村现代化、建设美丽中国的有力支撑，其中明确提出了农村厕所革命、生活污水垃圾治理、村容村貌提升，并将其作为重点任务，旨在通过这些举措全面提升农村人居环境质量。

（1）扎实推进农村厕所革命

①逐步普及农村卫生厕所

在农村地区，提升厕所卫生设施是一项至关重要的任务，涉及农民群众的生活质量和健康水平。为此，需要采取一系列措施，包括新建户用厕所基本入院、推动有条件地区厕所入室，以及在新建农房时配套设计建设卫生厕所和粪污处理设施设备。国家还特别强调重点关注中西部地区的农村户厕改造工作，这些地区的基础设施相对薄弱，农民生活水平较低，因此改善厕所条件对于提升当地居民的生活品质至关重要。同时，还要合理规划布局农村公共厕所，确保农村每个地区都能方便地使用卫生设施，提高卫生水平。另外，加快建设乡村景区旅游厕所也是一项重要任务，随着乡村旅游的兴起，提供干净、卫生的厕所设施成为提升游客体验的重要。为了确保厕所设施的长期维护和管理，必须落实公共厕所的管护责任，强化卫生保洁工作。只有通过全社会的努力和合作，才能有效改善农村厕所卫生状况，保障农民群众的健康和生活品质。

②切实提高改厕质量

在农村改厕过程中，选择适合当地条件的技术模式是至关重要的。在水资源充沛的地区，可以采用水冲式厕所，以满足农民对清洁卫生厕所的需求。而在干旱地区，由于水资源稀缺，应选择干厕技术，通过粪便分解和处理来满足卫生需求。同时，还需要加快研发适用于干旱和寒冷地区的卫生厕所技术和产品，不同地区的气候条件和环境特点不同，因此需要针对性地研发适应当地需求的改厕技术和产品。另外，为了确保农村改厕产品质量，需要加强监管工作。相关部门应加强对改厕产品生产、销售和施工环节的监督，确保产品质量和施工质量达到标准要求。只有确保改厕产品的质量和可靠性，才能为农民提供安全、卫生的厕所设施。

③加强厕所粪污无害化处理与资源化利用

加强厕所粪污的无害化处理与资源化利用是促进农村卫生设施提升和实现可持续发展的重要举措。在农村地区，厕所粪污的处理不仅关乎环境卫生和公共健康，同时也涉及资源的有效利用和循环利用。通过采用科学合理的处理方式，如生物处理、沼气发酵等技术手段，可以将厕所粪污进行无害化处理，并将其转化为有机肥料或生物能源资源。这种做法不仅可以减少对土壤和水源的污染，降低环境风险，还可以实现资源的再利用，提高农田的土壤肥力，促进农业可持续发展。

（2）加快推进农村生活污水治理

①分区分类推进治理

推进农村生活污水治理是保障乡村环境卫生和改善农民生活质量的重要举措。针对不同地区的特点和需求，应该采取有针对性的措施，以提高治理效果和可持续性。首先，应根据地区特点分区分类推进，重点治理一些重要区域，如京津冀、长江经济带、粤港澳大湾区、黄河流域等，特别关注水源保护区和人口密集区域的农村生活污水处理工作。这样可以有针对性地解决重点区域的环境问题，提升整体治理效果。其次，在不同的地形和生态环境条件下，应开展不同类型的农村生活污水治理试点，以资源化利用和可持续治理为目标。针对不同地区的实际情况，选择适合的治理技术，例如生物处理、人工湿地、土壤渗滤等方法，以达到有效治理污水的同时实现资源的再利用。值得注意的是，应当优先推广运行成本低、管护简便的技术，这样可以降低运行维护成本并延伸长期可持续性。通过综合利用污水资源，既可以改善当地环境质量，又可以促进农业生产的可持续发展，实现环境、经济和社会效益的多赢局面。

②加强农村黑臭水体治理

首先，建议建立农村黑臭水体治理台账，对各地黑臭水体问题进行清查登记，明确治理的重点和任务。其次，可以通过开展治理试点，在实践中总结经验、找出问题，为全面推进农村黑臭水体治理提供借鉴和指导。同时，鼓励推广可复制模式，将成功的治理案例进行复制推广，实现经验共享，提高治理效率。最后，建立长效运行维护机制，确保治理效果持久稳定，通过定期检查、维护和管理，保障农村黑臭水体治理工作的长期效果和可持续性。

（3）全面提升农村生活垃圾治理水平

①健全生活垃圾收运处置体系

健全生活垃圾收运处置体系是促进乡村环境卫生水平提升、促进资源循环利用，以及实现可持续发展的重要举措。要健全生活垃圾处理体系，需要从源头分类、高效运输、科学处理到资源化利用等多个环节入手，形成闭环管理模式，使废弃物得到最大程度的减量化、资源化和无害化处理。

对此，首先要建立健全生活垃圾分类收集机制，引导村民养成分类投放垃圾的良好习惯。通过设立不同类别的垃圾桶、加强宣传教育等手段，提高村民的分类意识，减少混合垃圾的产生，为后续处理提供便利。其次，要优化生活垃圾的高效运输网络，确保垃圾能够及时、准确地被转运至处理中心。

②推进农村生活垃圾分类减量与利用

当前，随着农村生活水平的不断提升，农村地区生活垃圾大量增加，给环境带来了严重的污染和压力。因此，推进农村生活垃圾分类减量与利用具有重要意义。首先，实施垃圾分类能够有效减少农村生活垃圾的总量，降低对环境的负面影响，保护农村的生态环境。其次，垃圾分类还可以促使农民养成良好的生活习惯，提高他们的环保意识，从而推动全社会的环保意识提升。最后，合理分类后的生活垃圾可以进行资源化利用，例如通过有机废弃物堆肥制作有机肥料，或者进行再生资源回收利用，为农村经济发展提供新的动力和支持。因此，推进农村生活垃圾分类减量与利用不仅有利于改善农村环境质量，还能促进农村可持续发展，提升农民生活质量，这将是当前农村环境治理工作的重要举措。

(4) 推动村容村貌整体提升

①改善村庄公共环境

改善村庄公共环境是指通过建设和改造村庄的自然、人文、社会等各种环境要素，提升村庄整体面貌和居住条件，以改善居民的生活质量，促进村庄的可持续发展。这包括改善村庄的基础设施建设，如道路、供水、供电等，同时也包括美化村庄的景观，增加绿化覆盖和改善空气质量。此外，改善村庄公共环境还需要关注垃圾处理、污水处理等环境保护问题，以确保村庄的整体卫生和健康环境。

通过改善村庄公共环境，可以提升居民的生活品质，增强居民的幸福感和归属感，同时也能够吸引更多的资源和人才向村庄聚集，促进经济发展和社会稳定。此外，优质的公共环境也有助于传承和弘扬村庄的历史文化，增强村庄的文化自信和凝聚力，从而推动村庄的可持续发展。因此，改善村庄公共环境不仅关乎个体居民的利益，更是村庄整体发展和社会进步的关键一环。

②推进乡村绿化美化

乡村绿化美化行动旨在通过保护、修复和开发乡村自然资源，提高农村环境质量，改善农民居住环境。其中，荒山荒地荒滩的绿化、农田防护林建设、庭院绿化和村庄绿化、小微公园和公共绿地建设等都是乡村绿化美化的重要内容。荒山荒地荒滩的绿化不仅可以美化乡村环境，还可以恢复生态平衡，削弱土地的风蚀、水蚀等危害，提高土地的生产力；农田防护林建设则可以有效防止风沙、水土流失等自然灾害，保障农田生产；同时，庭院绿化和村庄绿化可以提升农民的生活质量和幸福感，增加乡村景观的美丽程度，还可以吸引更多的游客前来观光旅游；而小微公园和公共绿地的建设，则可以为居民提供休闲娱乐场所，提升社区凝聚力。通过深入实施乡村绿化美化行动，有助于保护乡村自然资源，提高乡村环境质量，推动生态文明建设和美丽乡村建设，同时也可以促进乡村经济发展和农村社会进步。

3. 保护和修复农村生态系统

实施保护和修复农村生态系统，对于促进生态环境改善、提升生态系统功能和稳定性，增强生态产品供给能力，具有重要意义，应当得到政府、企业和社会的共同关注和支持。

（1）实施重要生态系统保护和修复重大工程

实施重要生态系统保护和修复重大工程是指通过系统性的工程项目和计划，保护和修复关键的生态系统，旨在提升生态环境质量、促进生态平衡与稳定，并维护生物多样性。这一举措对于保护生态系统功能、维护生态平衡、提高自然资源利用效率具有至关重要的作用。

对此，必须统筹山水林田湖草系统治理，构建健全的生态安全屏障体系，推动乡村生态恢复和保护工作。在实践中，需要实施大规模国土绿化行动，通过植树造林、草原恢复等措施，加强森林质量提升，改善生态环境质量；稳定推进退牧还草实施范围，促进草地生态恢复，保护草原生态系统的完整性和稳定性。此外，还需要保护和恢复乡村河湖、湿地生态系统。通过大力开展乡村河湖、湿地的保护和修复工作，可以改善水域生态环境质量，提升生态系统服务功能，维护生态平衡。

（2）健全重要生态系统保护制度

在推动乡村振兴和实现可持续发展的过程中，健全重要生态系统保护制度显得尤为重要。乡村地区承载着重要的生态资源和生态系统，包括森林、湿地、草原、水域等多样化生态系统，这些生态系统对维护生态平衡、保障生态安全、促进生态经济发展具有不可替代的作用。因此，必须建立健全的生态系统保护制度。

健全重要生态系统保护制度需要综合考虑生态保护、资源利用等多方面因素。首先，应当完善林地保护制度，确保森林资源的合理利用，防止过度开发破坏生态平衡。同时，要加强草原生态监管和严格实施草原禁牧和草畜平衡制度，保持草原生态系统的稳定，防止草原过度放牧导致的生态环境恶化。其次，要落实各类保护地保护制度，维护生物多样性，确保野生动植物的栖息地不受破坏，从而保持生态平衡。同时，还可以建立国家公园试点，对珍贵的自然资源进行有效保护和管理，提升自然生态景观的保护水平，促进生态旅游业的发展。总之，健全重要生态系统保护制度对于保护我国的生态环境、促进资源可持续利用具有重要意义，应得到政府、企业和社会各界的积极支持和参与。

第二节 乡村振兴中应注意的问题

在实施乡村振兴战略的过程中，应该注意做好激活市场、主体、组织、要素和政策五项工作，协同农民、政府、企业、科技和社会五方面力量，实现五位一体协同发展，同时处理好城市与乡村、政府与市场、短期与长期、人口与流动、表象与实质这五对关系。在具体实施过程中，通过激活五大要素、协同五位一体、处理好五对关系，三者协调推进，共同促进乡村发展。最后值得注意的是，一定要警惕发展过程中出现的四大不良因素。

一、深化改革，激活五大要素

（一）让市场决定资源配置

激活市场要从以下两个方面来实现。

（1）要推进政府职能转换。政府的主要作用是引导而不是主导，要把经济发展让位给市场做主导，警惕包办过多，同时又不能任其随意发展，要注意政府和市场的合理分工，重视市场的作用，如果仅仅依靠政府，短期内可见成果，但是长期来看不能实现可持续发展。

（2）要改革市场机制。通过改革，可以有效实现产权有效激励，激发企业活力，促进要素自由流动，为市场主体提供更广阔的发展空间。在这一过程中，必须确保市场竞争公平展开，推动企业的优胜劣汰，促进产业结构优化升级。

（二）让主体发挥主观能动性

要让农民积极参与这项伟大的战略规划，关键在于改革产权制度和经营制度，赋予广大农民更多的财产权益和经营权利，让农民可以和城市居民一样平等地参与市场竞争，这样才能发挥农民的主观能动性。

（三）让制度发挥组织潜能

在农村，除了农民，不同组织也代表着不同的主体。通过组织制度的改革和创新，不仅可以激活乡村经济的活力，激活不同类型的经营主体，还可以促进资源整合和优化利用，推动农村经济多元化发展。因此，建立健全的组织机制，促进各类经营主体的融合发展，将为乡村振兴提供坚实的组织保障和制度支持，推动乡村经济社会的全面发展，实现经济、社会和生态效益的良性互动。

（四）让政府让位给足政策

政府并不是万能的，乡村振兴，需要政府处于合理的位置，将主导权让位给市场，处理好政府与市场的关系。在这一过程中，政策导向就显得尤为重要。政府应制定合理的市场政策，既能在市场失灵时发挥杠杆和调节的作用，又能在市场公平竞争时发挥市场的最大化效用。政府的主要作用是正确引导和防范偏差，而不是干预和操控市场。

（五）让资源盘活激活市场

推进要素市场化配置的改革是优化资源配置、提高生产效率的关键举措。只有确保资源要素在市场上自由流动，且得到合理配置，才能激活市场的活力，激发要素所有者的积极性和创造力。

二、协同关系，实现五位一体

协同好农民、政府、企业、科技和社会五方面的关系是实现和推进乡村振兴战略的基础。

（一）让农民成为主力

确立农民在乡村振兴中的主体地位是乡村振兴战略的关键所在。为此，需要完善乡村治理体系，赋予农民主体权利和主体责任，以促进农村社会的自治和自我管理能力。而要让农民成为主力，必须使其组织化，而不是分散。只有通过组织化，农民才能更好地团结在一起，形成合作社、农民专业合作社等组织形式，实现资源整合、技术共享和市场对接，从而提升生产效率，担当起乡村振兴的主体责任。因此，需要加强对农民组织的培训和支持，提升他们的管理水平和组织能力，确保他们有效履行乡村振兴的主体责任，推动乡村经济社会的全面发展。

（二）让政府积极引导

政府在乡村振兴工作中扮演着重要的引导和支持角色。为此，政府需要进行科学的顶层设计，确保乡村振兴战略的正确实施，包括制定长远目标、明确发展路径、确定政策措施等，以引导乡村振兴工作朝着正确方向前进。

（三）让涉农企业先行

企业的引领作用可以通过以下三个方面来实现。

1.投资农业的引领

农业作为一个特殊行业，其投资回报期长，且会面临市场波动和自然灾害等高风险。尽管农民在农业生产中发挥着重要作用，但单靠农民个体的投资和劳动往往难以满足农业现代化发展的需求。因此，除了依靠农民的投资热情，还需要引入企业和资本共同投资农业，共同承担市场和自然风险，与农民一起推进产业兴旺。

2.带动小农的引领

企业对小农的引领作用，体现在引领小农户进入现代农业方面。实现小农户与现代农业发展的有机衔接，关键点在于提升小农自身能力，促进小农的组织化，选择适用于小农户的现代农业模式。因此，要通过建立与完善适合于小农的社会化服务体系、完善农村土地制度和社会保障制度等，来帮助小农户克服自身的局限性。

3.产业融合的引领

一、二、三产业融合是乡村振兴发展的必然，也是农业多功能发展的要求。虽然在现阶段，农户和农民合作社仍然是农业的主体，但在产业融合的过程中，企业扮演着主导角色。企业具有资金、技术和管理等优势，能够推动产业升级、提升农产品附加值，促进农业现代化发展。因此，需要重视企业的引领作用、建立良好的企业与农民利益机制，各方共同努力，共同打造产业融合共赢格局，可以实现农业产业链的优化升级，促进农民增收致富，推动乡村振兴和农业可持续发展。

（四）让科学技术作支撑

1. 让农业技术作支撑，建立现代农业体系

在技术方面，提高土地产出率和生产效率，是最基本的农业技术范畴。此外，一定要重视提高资源的利用率和农产品的质量安全，这才是绿色农业发展之本。此外，除了第一产业，还要重视第二、三产业中农业技术的进步，还要将单项农业技术和多项农业技术组合运用，提高技术的使用效率。

2. 让互联网技术对农业农村发展起到支撑作用

互联网技术在当今农业农村发展中扮演着重要角色，既带来了发展机遇，也带来了挑战。为了充分利用互联网技术推动乡村振兴，农民主体需要提升技术适应能力，让他们能够更好地融入数字化时代。政府在这一过程中扮演着关键角色，应当推动体制机制的变革，包括推动小农组织化，帮助农民组建合作社、农业合作社等组织形式，以便更好地利用互联网技术进行农业生产和销售。同时，政府还应加强公共服务建设，提供数字化培训、技术支持等服务，帮助农民提升技术水平。

（五）让社会积极参与

乡村振兴战略的实施需要社会各界的广泛参与，因为社会参与是推动乡村振兴的重要力量和关键。社会参与不仅包括政府、企业和农民，还包括非营利组织、专业机构、志愿者等各方力量。社会参与可以促进资源共享、信息共享和协同发展，形成多方合力，推动乡村振兴工作取得更好效果。同时，社会参与也可以提升乡村居民的参与感和获得感，增强他们对乡村振兴工作的认同感和支持度，推动乡村振兴事业不断向前发展。

三、把握全局，处理好五对关系

（一）乡村与城市关系

乡村振兴和城市化是两个紧密相连、互相依存的战略，二者之间并非对立关系，而是相互促进、互相支撑的关系。乡村振兴需要城市化的带动，城市化也需

要乡村要素的支撑，二者共同构成了现代化发展的重要支柱。但现阶段，乡村振兴和城市化都存在滞后的问题。

为了解决城市化和农业现代化双重滞后的问题，可以通过推进城市化来减少农业劳动力，这样既促进了农业现代化，也为乡村振兴提供了有效衔接。但是，我国目前固有的城乡二元结构很难在短时间内被打破，乡村落后成为城乡发展一体化的最大制约因素。因此，我们还要以新型城镇化建设为引领，进一步推进乡村振兴战略。说到底，搞好城市和乡村的关系，一个很好的办法是搞新型城镇化建设。

（二）政府与市场关系

（1）政府在推进乡村振兴战略的过程中，起到的是引导作用，特别是在应对市场关系上，一定不能制约，而是帮助、引导市场，让其发挥在资源配置上的基础作用。政府和市场是两种最重要的治理结构，政府主要降低市场交易中的不确定性和风险；而市场则要通过自由竞争体制的制度安排，提高资源利用效率。两者相辅相成，优势互补。

（2）政府一个非常重要的职能是，针对一些非竞争性和排他性的资源配置，以及公共产品和服务的供给，发挥主导作用，提供一定资源，然后交由市场运营，形成政府与市场有机结合、互为促进的良性循环模式。

（三）短期与长期关系

乡村振兴战略是一个长期实施的战略，不可能在一朝一夕完成，所以在振兴过程中，不能操之过急，更不能单纯搞表象的发展。一定要按照中央有关乡村振兴战略的三阶段发展要求，制订长期战略合作目标和短期要实现的目标，一步一步，通过表象和实质相结合，执行行动计划。

（四）人口固定与流动关系

改革开放40多年来，随着工业化和城市化的发展，中国有大量农村人口实现了两方面的转移：一方面是实现了非农化，即一部分农民转为城市人口；另一方面是有大量农村人口去城市务工。但是，因为城乡二元结构的存在，这两方面的转移做得都不够彻底。主要表现在以下两个方面：

一是农村的年轻人口向城市流动的多,但是全家流向城市的少。二是大部分流动人口只是务工性质的流动,并没有在城市定居。这两种情况最终导致的结果就是农村的"三留人口",即留守老人、留守儿童、留守妇女的问题非常普遍。所以,我国很多地方的农村"空心化"严重,没有年轻人,除了节假日,农村冷冷清清,没有人气。这种情况不仅影响农村家庭的稳定性,也造成很多社会问题。同时,给乡村振兴提出了一个很大的难题,就是缺人。

所以,实现乡村振兴必须解决乡村人气的问题,解决乡村的人气问题需要综合考虑城乡一体化发展、人口自由流动等因素,应通过多方合作共同努力,实现乡村振兴和人口发展的良性循环,并以此来实现乡村人口在空间分布上的优化过程。

(五)表象与实质关系

乡村振兴的成功与否在于兼顾外在形态和内在本质。每个乡村和村落都有其独特的资源禀赋和外在形态,因此在实施乡村振兴战略时,必须根据乡村的自然资源和生态特征,进行形态和风貌规划设计,不能只是简单照搬照抄,以至于出现"四不像"的现象。

比外在形态更重要的是乡村振兴的实质,也就是乡村振兴的发展体制和机制,即乡村自治制度、生态环境保护与利用机制、文明乡风、产权制度和社保制度等。这些才是乡村振兴的实质,它们决定了一个乡村是否真正振兴。只有表象和实质两手都抓,才能通过实质促进表象建设。

四、稳健求实,避免出现"四大忌"

(一)切忌贪大求快

乡村振兴战略是一项长期而艰巨的任务,一定要遵循乡村建设的发展规律,用长远的眼光谋发展,制订规划。要坚持科学规划,注重质量,从容建设,聚焦阶段任务,找准突破口,排出优先序,切忌贪大求快,刮风搞运动。实施乡村振兴战略,是依靠正确的规划,一步一步踏踏实实干出来的,是依靠一年一年慢慢积累出来的,是依靠钉子精神,锲而不舍、真抓实干出来的。所以,不折腾、不走弯路、不"翻烧饼",是这一过程中的基本要求。

（二）切忌照搬照抄

党中央负责制定关于乡村振兴战略的顶层设计，而具体到各地，就要根据各自的实际情况，设计符合自己乡村的顶层设计方案，而不是简单照搬别人的，将一个模子模仿到底。

我国农村地域辽阔，乡村与乡村之间差异巨大，各乡村之间发展极不平衡，所以，要把党中央的顶层设计作为指引，落实到基层，就要积极探索出具有本地特色的发展规划，要发挥农民主体的主观能动性和创新精神，不能搞一刀切。

（三）切忌改垮集体

无论怎么改革，都要坚守住改革的底线，不能犯颠覆性的错误：不要改垮农村土地集体所有制，不要把耕地改少了，也不要把粮食生产能力改弱了，更不能损害农民的利益。

我国是有14亿人口的泱泱大国，粮食问题是头等大事，所以按照习近平总书记说的，"检验农村工作实效的一个重要尺度，就是看农民的钱袋子鼓起来没有"[1]，也就是说关键在于提高农民收入。农民如果不富裕起来，乡村振兴就是纸上谈兵。所以，维护好农民的利益是关键。

在推进新一轮改革过程中，无论是发挥市场的决定性作用，还是发挥政府的引导作用，都要坚持农村土地农民集体所有。

（四）切忌搞形象工程

习近平总书记曾多次强调，干事创业一定要树立正确的政绩观，做到"民之所好好之，民之所恶恶之"[2]。实施乡村振兴战略，必须坚持以人民为中心，着力解决农民群众最关心、最直接、最现实的利益问题。不能脱离实际，盲目求多求快，求大求全，更不能搞形式主义和"政绩工程""形象工程"，而是要合理地设定阶段性目标任务和工作重点，形成可持续发展的长效机制，才能使涓涓细流汇聚成江海。

---

[1] 周锟. 指引 从小康到共同富裕 [M]. 北京：商务印书馆，2022.
[2] 乙力. 中国古代名言警句 [M]. 西安：三秦出版社，2012.

第三节 乡村振兴战略实施的保障

可以从四个方面为乡村振兴战略的开展提供保障,一是在农村工作中,为保证党一直处于总领全局的地位,应坚定不移地强化与坚持党对农村工作的引领,同时完善党内法规和党管农村工作领导体制机制;二是为充分促进政府在提高全面融合、工农互促、共同繁荣、城乡互补的新型城乡关系,促进城乡要素平等互换、自由流动,发挥"四化同步"的作用,在资源配置过程中,应通过摒弃机制、体制的不足,让市场发挥根本性作用;三是应提高涵盖社会主动参与、财政优先保障、金融重点倾斜的多元投入格局的构建速度,完善投入保障机制,保证投入总量与投入力度相匹配,创新投融资机制;四是要注重规划先行、突出重点、分类实施、典型引路,加强各类规划的统筹管理和系统衔接,形成城乡融合、区域一体、多规合一的规划体系。

一、政治保障

农村工作的开展必须坚持党的领导,才能形成乡村振兴战略的推进、农村优先发展和全面发展的根本保证,加强党对农村发展的重要性认识,切实落实好"重中之重"要求,进一步完善党领导农村工作的体制机制,不断提高党领导农村工作的制度化、科学化、专业化水平。基层党组织作为农村工作开展的主要力量,在政治功能方面,既要使得团结动员群众、领导基层组织治理变成促进城乡改革的坚实基础,又要展现贯彻党的决策、宣传党的主张的功能。

(一)党管农村工作是我们党的优良传统

党是办好农村事的核心,党管农村工作是我们党不可丢弃的传统,是习近平总书记多次强调的。一方面,这是由"三农"在全党工作大局中的地位所决定的。"三农"建设关乎国家民生发展,必须将农业农村农民的问题解决,这是全党上下重中之重的问题。与此同时,农业农村工作的开展必须加强党对"三农"工作的绝对领导,以人才振兴、文化振兴、生态振兴、组织振兴为产业振兴提供必需的力量。

农业农村工作千头万绪,既需要分兵把口,也需要统筹协调,安排好力量,形成整体合力，更好地发挥好我们党的政治优势和制度优势。同时，新的历史时期农村工作的复杂性艰巨性给我们提出了更高的要求。在供给侧结构性改革时期，农业处于供给侧结构性改革的关键阶段，农村经济处于深度转型时期，农民群体处于观念转变、诉求多样化的时期，补短板、强弱项的任务繁重，组织动员农民群众的要求更高，"三农"发展形势更加复杂、任务更加艰巨。在这个关键时期，党对农村工作的领导只能加强，不能削弱，提高党的掌舵能力和谋划大局、制定政策、促进改革的定力，确保党始终总揽全局、协调各级，提高新时代党全面领导农村工作的能力和水平。

中共中央于2019年1月印发了《中国共产党农村基层组织工作条例》（以下简称《条例》），同时下达各地区与部门应严格依照执行的通知。为促进《条例》落到实处、起到实效，各级党委（党组）必须从夯实党的执政基础的高度着手，毫不动摇地坚持农村基层党组织的领导地位，尤其是县级地方党委，应将紧抓党的农村基层组织建设视作治党管党的核心任务落实好，通过有力措施，增强责任保障。抓好且注重党的农村基层组织建设是党员领导干部的政治责任，党管农村工作是我们党的优良传统，是《条例》中规定的内容。通过传统媒体和新媒体双管齐下的方式加强党组织成员的学习，组织广大党员、干部和每个党组织进行集中探讨与学习，深入落实《条例》精神，应要求所有党员系统、全面地掌握《条例》的内容，不丢下任何一个党员和党支部，为确保《条例》的有效落实，应把思想与行动统一，全都集中到中央部署安排上。为提高农村党支部与农村基层工作的建设水平，凸显领导的作用，应通过《条例》专项培训课对县、乡、村三级的党组织书记进行轮流培训，同时把此培训课增添到党校（行政学院）和党委（党组）理论的课程学习中。为保障各类要求与规定均可以达到标准且可以切实执行，中央相关部门一定要增强对有关部门的监督职能，因为在处理《条例》中所包括的问题时，监督功能是不可或缺的流程。

（二）坚持和完善党对"三农"工作的领导

必须坚持"三农"工作的逐步开展和引进，为乡村振兴战略的推动提供可靠的基础，为"三农"发展提供政治保障。办好中国的事，关键在党。农村改革的关键在于党的领导，坚持党在改革中确定的方向和规划，稳定党开展工作的定力，提高新时代管党、治党的能力，同时提升各级党组织领导工作开展的水平。

1. 健全以党组织为核心的组织体系

农村基层必须以党组织为核心开展工作，鼓励村两委班子的交叉任职形成相互监督，鼓励党组织书记按照法定程序担任村民委员会主任和集体经济组织、农民合作组织负责人，从而坚定党组织的中心力量；鼓励成立村务监督委员会，其成员由非村委组织的村党组织成员或党员组成；明确党员的重要性和领导地位，确保村委会和村民代表包含一定数量的党员。在乡村振兴与脱贫攻坚的过程中，要提升党员与基层党组织的影响与威信。社会与农村新兴经济组织开展的党建工作一定要以农村服务为核心方向开展相关活动。

2. 加强农村党员队伍建设

推进"不忘初心、牢记使命"学习教育更加常态化制度化，积极引导农村党员自觉学习习近平新时代中国特色社会主义思想，武装各党员的头脑，提升思想水平，实现农村党员的教育普遍化、管理严格化、监督规范化。落实"三会一课"、主题党日、谈心谈话、民主评议党员、党员联系农户等制度。不能忽视无职党员的作用以及青年农民、外出务工人员、妇女的党员培养力度，要规范记录党员流动情况，扩大党内基层民主，实现党政事务公开，对不合格党员的处置稳定有序开展。创新党内激励制度，鼓励党内互帮，定期组织党员慰问农村高龄党员、生活贫困党员，解决生活中遇到的实际困难。

3. 加强农村基层党组织带头人队伍建设

开展农村党组织领头人优化建设活动。优秀组织带头人主要选自本村致富能人、外出经商人员、本乡大学毕业生以及退伍军人，从源头上整体提高带头人员的能力水平。以县为单位对每个村进行分析，集中各村党组织进行调整优化，乡镇领导干部、公务员和乡镇事业编制人员可从优秀村委党组织书记中选拔。必须保证贫困村、软弱涣散村和集体经济薄弱村都由党组织派出一名优秀的第一书记，实现稳定的长效机制，保证够质够量的村级人才储备，每个村可以通过本土人才回引、院校定向培养、统筹招聘等途径，实现人才的稳定供给。

（三）完善党的农村工作领导体制、机制

"村子强不强，要看领头羊。"作为乡村振兴最基础、最坚实的力量，包括村书记在内的党的农村带头领导的安排关系到乡村振兴战略能否切实落实、惠及百姓。

1. 完善工作机制，落实五级书记抓乡村振兴责任

习近平总书记明确提出乡村振兴战略的职能分布，明确指出了谁来领导、谁来负责、谁来落实的问题，中央统一规划，省级承担总责，市县负责任务的落地实施，五级书记抓乡村振兴战略的推进，严格推进领导责任制的实行。发挥中国特色社会主义的政治优势、制度优势，使得乡村振兴的各项工作落实落地，五级书记抓乡村振兴的责任机制，促进各级党委和政府的负责人对战略的落地实施亲自谋划，要想将党管农村工作的要求有效落实，防止"三农"工作出现"忙起来不要、干起来次要、说起来重要"的现象，要推进乡村振兴生动局面的形成，五级书记就必须将乡村振兴视作"一把手工程"，将责任抓在手上、扛在肩上。不管是在成效、速度还是质量方面，在农村工作中明确五级书记抓乡村振兴，增强党的领导，均会使得"三农"领域的工作薄弱点得到有效提升，促进乡村实现巨大发展。在村到省这五级中，政策引领、统筹与规划是省市的主要任务；而落实工作主要集中在县乡村三级，县乡不应只做表面工作，而没有具体落实，只有落实到操作层面，才能够起到实际效果。在实践中，坚持"强化两头、优化中间"的原则是规划落实的核心，"一头"指的是中央，通过赋予先行中央农村工作小组办公室更大的职权或建立一个新的中央农村工作部，为防止盲目地跟着本位主义走，应在确保农业发展资源制度与要素的稳定可靠补充的同时，增强国务院农业部门的统筹协调。另"一头"指的是县里，尽管县委书记是乡村振兴的"一线总指挥"，但是招商引资与工业园区的建设才是县委书记的核心工作重心。"中间"指的是省市两级，提议将省市农委（办）设置成党委工作部门，以实现有编制、有机构、有权威、有人员。总的来说，要想为"三农"政策的实际开展提供坚实的行动抓手与组织保障，应持续完善农村工作领导体制建设。

2. 强化农村基层党组织建设责任与保障

为提高农村基层党组织建设的保障与责任，在基层党组织中也要落实从严治党的标准，各级党委切实遵循此标准，同时县委纪委切实发挥监督职责，把乡村振兴的实际开展情况作为县乡党委书记的政绩考评内容，以及选任领导干部和领导班子考绩的重要依据，并在领导进行工作巡视时进行重点考核。为建立有关的

制度保障，应强化各级党委的主体责任，同时借鉴农村基层组织建设的经验。一是提高责任的落实成效，为优化担责机制，应明晰各级党委，尤其是县级党委对农村基层党组织建设的直接责任，运用追责问责、考核等措施；二是为推动乡村包括基本活动、基本队伍、基本组织等各类基本保障建设，通过促进全乡发展推动全县发展，应强化抓乡促村，加大对涣散乡村的整治力度；三是完善村级运转经费保障制度，重视基础保障，充分发挥村级组织活动场所的作用，将稳定的财政收入作为经费的主要来源，明晰党员活动经费、村级组织办公经费、正常离任村干部生活补贴、服务群众经费、村干部基本薪酬等；四是增加关心与激励措施，为鼓励新作为新担当，展现榜样力量，应根据各级党组织在待遇保障、政治激励、心理关心、工作扶持等方面，对基层党员和干部的贡献进行考评，评选出杰出的农村基层干部。

二、制度保障

为使得乡村振兴的制度供给得以实现，应深度开展农村改革。改革是乡村振兴的重要法宝。新一轮的农村改革应以土地改革为抓手，在市场、主体、要素方面实现全方位的新发展，去除机制体制阻碍是乡村振兴的入手点，应主要以四项改革为抓手，为乡村发展增添新的动力。

（一）深化农村土地制度改革

农村土地既是自然资源也是生产要素，具有重要的生产、生活、生态功能，市场价值和发展潜力不容忽视。在完善与坚持最严格的耕地保护制度的基础上，应让农民对所承包的土地掌握更多的支配权，包括承包与流转经营权抵押、使用权、担保权收益权、占有权，健全土地承包政策，稳定农村土地承包关系且始终不变。规范与引领农村集体经营性建设用地入市，在用途管制与满足规划要求的基础上，提高增值收益分配制度和农村集体经营性建设用地产权流转建设速度，允许农村集体经营性建设用地入股、出让和租赁，落实与国有土地同权同价、同等入市。健全农村宅基地管理制度。在确保农户宅基地用益物权的基础上，挑选多个试点，谨慎促进农民住房财产权转让、抵押、担保，健全农村基地分配政策，改革农村宅基地制度。在进行农村土地产权改革的同时，总结农村土地改革试点的经验。在相关法律基础上进行修改，并为实现城乡统一的建设用地完善配套的市场机制。

（二）深化农村集体产权制度改革

新时代下农村改革的重点就是土地改革，重点在于处理农民和土地的关系。在进行第二轮土地承包到期后再延长30年政策的前提下，稳定农村土地承包关系并且长期不变的条件，进行农地"三权"分置改革，并制订与其配套的政策和法律法规，从而释放农村剩余劳动力，促进城乡资本投资农业生产经营、农地经营规模适度扩大增大，通过不断培育新型农业经营主体，实现农地、资金、技术、人才等资源的最优化组合。

（三）以家庭农场、农民合作社为重点培育新型经营主体

我国的基本"农情"为"大国小农"，我国正处于也仍将长期处于以小农户家庭经营为主的基本模式，因此处理适度规模经营与小农户的关系必不可少，一方面发挥适度规模经营的领导作用，另一方面不能忘却小农户这个基本面。2019年，中央出台了《关于促进小农户和现代农业发展有机衔接的意见》，为实现农户小规模经营与现代化市场的有效对接，完善"农户＋合作社""农户＋合作社＋公司"利益联结机制，以多种方式，如社会化服务组织等，推动衔接的实现。

（四）完善农业支持保护制度

我国作为农业大国，农业却一直属于弱势产业，以小规模经营为主，因此需加大对农业的保护，增加必要的补贴。完善财政支农政策，增加"三农"支出，按照稳定存量、增加总量、完善方法、逐步调整的要求，积极开展改进农业补贴办法的试点试验。进一步推进农业高质量绿色发展，以增加总量、优化存量、提高效能为原则，制定新型农业补贴政策。统筹兼顾市场化改革取向和保护农民利益的关系，调整改进"黄箱"政策，扩大"绿箱"政策使用范围，健全符合国情农情、适应世贸组织规则的农业支持保护体系。

三、投入保障

乡村振兴的保障来自人、地、钱、资源向农村倾斜，才能为振兴提供发展的

物质基础。习近平总书记指出,乡村振兴的物质保障是人才和资源,如果人才、土地、资金等要素流向的仅是城市,则乡村振兴的造血机制不能成功建成,乡村长期处于"失血"和"贫血"状态,振兴将无从说起。深入探索城乡要素流动存在的缺陷,疏通城乡要素流动的管道,实现要素平等交换。从各地进行战略推进情况来看,目前最主要的瓶颈是缺乏高素质人才、缺乏金钱的投入、缺乏产业发展用地,因此需要高度重视人、地、钱在城乡融合发展体制机制中的作用,并解决由此带来的相应问题。

(一)解决好人的问题

解决好人的问题,重点是培养懂农业、爱农村、爱农民的"三农"工作队伍。这支工作队伍的建设不只是对新型农民的培育亦是对基层组织的要求,这支队伍不仅专业而且对"三农"有感情,农业部门肩负着增加农民收入和增加产量的重担,与农民有着最直接的联系,为农民提供最具体的服务,农业部门应深入农民群众,发挥职能优势,满足懂农业、爱农村、爱农民的根本要求。中国面临老龄化的问题,农民群体也逐渐老化,因此应加强人力资本的投入,加快培育新型职业农民,鼓励各类人才返乡,解决乡村振兴的基本问题——谁种地、谁振兴。培育出的新型职业农民一定符合"一懂两爱"基本要求。同时,还要加强对培育出的新型人才的利用,对在农村进行创业的人才提供相应的支持,让农村成为各界人才大展拳脚的新天地。

懂农业是乡村振兴的保障,农业是国民生存的基础产业,国家发展更不能缺少农业的发展。基层党组织和干部是乡村振兴的推进者和引领者,应深入学习农村发展专题,解决农村发展什么、如何发展、目标是什么等问题,带领当地群众为共同的目标开展各项工作,从而实现乡村致富。农业的繁荣和农民的富裕都要求必须懂农业,在农业发展、农村建设和农业致富试点效果明显的地方挖掘优秀基层干部,并且在基层开展更多农业相关的专题培训教育,将理论与实践、经验与创新进行结合,整体提高工作能力和水平。

爱农是乡村振兴的基础。不断加强新型职业农民的培育,稳步提升其专业农业技能。同时,基层干部需要定力,专心解决农村如何建设、环境如何整治、村民如何团结等问题,实现新型农村的建设。提倡各级干部坚持"先农民之忧而忧,后农民之乐而乐"的信念，将农村的建设、发展作为基层组织自身的使命和责任。鼓励社会各界人士回归乡村进行建设，以志愿者身份或是工商资本入乡等形式投身于乡村建设，鼓励乡土人才返乡工作。

爱农民是乡村振兴的关键。中国要富，农民必须富。"没有农村的小康，特别是没有贫困地区的小康，就没有全面建成小康社会。"[1]如在中央一号文件中所提出的，引导农民在乡村振兴中的主体作用，让农民成为吸引人的职业，培育更多的人成为新型职业农民。基层党组织作为党和农民的"黏合剂"，积极引导农民树立党的新观念和新规划，提升对农民的鼓励和关心，团结群众，发挥党组织和群众的积极性、创造性，促进农民的全面发展，从而推进乡村振兴。

（二）解决好地的问题

解决这个问题的重点在于盘活农村闲置建设用地。目前农村建设用地紧张，将建设用地用于发展农业的难度非常大，因此引导各地活用闲置宅基地和农民房屋使用权、盘活农村闲置土地是保障农村产业发展的基础。大力开展在县域内整治闲置校舍、厂房、废弃地等，将零散的建设土地盘活，用于发展乡村新产业和创业基地建设。在盘活的同时不能忽略土地用途监管，坚决抵制对农地进行非农化建设。

1. 完善农村土地管理制度

总结在农地征收、集体经营性建设用地入市、宅基地改革过程中的经验，扩大改革试点，并加快土地管理制度的修改速度。探索项目公共利益机制，制订征地补偿标准，完善集体经营性建设用地增值收益分配机制，为被征地农户提供长久的多元化民生保障机制。征地坚持公平取得、节约使用、自愿有偿退还的管理制度，在符合规划和管制的前提下，允许农村集体经营性建设用地出让、租赁和认股权能，对入市的范围和途径加以确定。

2. 完善农村新增用地保障机制

将农业用地各项目进行整理，根据已经确定的土地利用规划和布局，在年度土地计划中可以新增一部分用于建设用地，"专地专用"用于支持农村农业发展。农业生产过程必然占用部分土地用于安装各类生产设施和机器设备；或者由于农

---

[1] 刘丽娟. 区域经济发展理论与实践研究[M]. 北京：中国原子能出版社，2020.

业规模经营，必须修建相应的配套设施。这些基础设施的修建必须保证在不占用农田的条件下，采用设施农用地管理办法，采取备案制，在县级进行备案。创新农业生产用地与村庄建设用地的复合使用模式，进而发展农村新产业新业态，开发土地的多重功能。

3. 盘活农村存量建设用地

明晰宅基地"三权分置"的定位，农民享有房屋财产权、宅基地所有权属于集体和农户拥有宅基地资格权，坚决遵从土地用途管制政策，科学盘活农民房屋与宅基地的使用权，对在农村宅基地建造商业会馆与别墅进行严厉惩处，坚决禁止不符合法律法规要求的宅基地买卖活动，由此健全闲置农房和宅基地处理政策。在遵从土地使用规划的基础上，高效地将分散土地纳入建设用地，允许县级政府通过调整土地规划完善土地使用布局。为提高把农村零散建设用地转变成农业用地的效率，应把新增建设用地指标作为对整合农村闲置建设用地、用于发展农村新业态新产业的农村的奖励。

（三）解决资金问题

构建金融专项支持、财政优先保障、社会一同参加的多元投入格局，开拓乡村振兴资本的路径与来源，是解决资金问题的核心。目前，人民银行与财政部各自出台了健全乡村金融服务、确保乡村振兴多元投入的指导意见；国土资源部"三农"投融资渠道的扩张，得益于增减挂钩节余指标跨省域调剂、新增耕地指标国家统筹政策的实施。接下来，为持续提升广大农民群众在土地增值收益中的分配比例、健全投入保障机制，应不断优化财政支出结构。在以前，各地区所获得的土地出让收益用于农业农村建设的占比只有三成，此比例在2018年还有所降低，因为大部分收益由农村流入了城市。习近平总书记针对此现象指明：应把土地增值收益更多地用于"三农"。重视高标准农田、农村人居环境整治建设等、重新划分规范土地出让收益使用范围、提升"三农"投入占比，是当前改革方案的核心。同时，应激励社会资本投资农业农村，发挥好民营企业的力量。

1. 健全财政保障制度

乡村振兴，资本、土地、人才极为重要，但资本最为关键。向农村倾斜提供公共设施就是在兜底线、织密网，为实现反哺之前农村对我国发展作出的贡献，应让公共服务范围涵盖广大农村地区。为保障各地目标任务与财政投入相一致，一定要增加对"三农"的扶持力度，同时明确与践行各级政府与部门的投入责任。为引导有一定收益、满足要求的乡村主动投入公益性项目建设，应支持地方政府试点发行专项债券，并发行用于农村公益性项目的一般债券，增强以地方为核心、中央补助的政府投入体系。在实施先建后补、一事一议等各种农业资金应用方式的同时，应创新财政涉农资金应用方式。为提升农村人居环境的治理效率，应通过倾斜公共财政使用，让公共服务涵盖农村，公共设施向农村推广，最大程度促进城乡基本公共服务均等化。在推进社会保障、农村公共教育等方面集中、提高民生保障与社会福利投入力度。为逐渐完善城乡一体、全民覆盖、普惠共享的基本公共服务体系，应首先向农村调动与分配优质的资源。

2. 加大金融支持力度

乡村振兴仅仅依靠国家财政投入是无法实现良性循环和持久发展的，而农民的收入普遍相对较低，所以还需要良好的金融支持生态系统。众所周知，快速和高效的金融运转能够实现降低企业成本、分散投资风险、提高流动效率，而这正能给农村创造大量的资金来源和分销渠道。由于农业农村产业本身属性和资本的逐利特质，一般情况下，资本和银行不会主动青睐农业农村产业，因此中央应着力于我国农业农村发展的薄弱环节与核心领域，积极加大金融扶农力度，倾斜金融资源配置。在建立农村金融服务链的同时，应提高农村金融衍生服务与产品的创新速度。为让农村借贷困难问题的解决获得实效，应主动开展集体经营性建设用地使用权、农村土地承包经营权、农村住房财产权抵押贷款试点工作。为引领各种银行与金融机构利用移动终端与网络站点提供普惠金融服务，应施行重点在乡村的普惠金融。为通过促进农产品期货期权市场建设实现农业农村在资本市场中的价值最大化，应扶持满足标准的农业相关的企业实现股份制挂牌上市与重组并购。为增强"三农"金融服务的实效，应充分利用税收、奖励等政策工具的优势，以农村增收与产业发展为核心方向进行信贷政策结构性调整，根据具体情况应用再贴现、再贷款等货币政策的传导机制。提高衍生"三农"信用担保体系，创新国家信用担保基金使用。降低新型农业与农户经营主体的融资成本，实施县域金融机构涉农贷款增量奖励政策，健全涉农贴息贷款政策。

3. 建立健全社会参与的多元投入格局

必须妥善处理且高效分配土地增值。土地出让收益来源于农村，也必须回流入农村建设与农业发展，如前文所述，必须实际提升土地出让收益在农业农村建设中的占比。为实现农村建设的财政投入不断提升，应调整土地出让收入在农业农村建设中的比例；国家协调把土地出让收入利用财政支出的所有计划预算都用于农村发展与建设的扶持，谨慎制定城乡建设用地增减挂钩结余与高标准农田建设等新增耕地指标跨省域调剂制度；坚持推进市场化和公平的营商环境，激活农村就业创新能力，壮大和充实农村经济；为在乡村中科学引入工商社会资本，应健全、实施与扶持各种支持政策，包括税费抵扣、融资贷款考核机制等；为引进乡村振兴项目与社会资本，应在使得社会与政府资本多头多元合作模式普及化、标准化的同时，采用特许经营等形式；健全农户付费合理分担和财政补助制度，探寻构建垃圾污水处理农户付费机制。

四、规划保障

实施乡村振兴战略是一篇大文章，要统筹谋划，科学推进。规划是龙头，是第一道工序；科学实用的规划是乡村振兴的路线图、施工图和时间表。

（一）科学论证，精准施策

制定乡村振兴规划，要立足实际认真研究，要有指导性、操作性，不能为规划而规划，现阶段，我国农村形态格局正在加速演变分化，处于大调整、大变动时期，随着经济社会发展，一些村落会集聚更多人口，一些自然村落会逐步消亡。要科学把握乡村的差异性和发展趋势变异特征，村庄保留、整治、缩减和扩大都要经过科学论证，保证符合科学依据，在论证的基础上编制规划，做到分类指导，精准施策。

（二）高标定位，全面推进

乡村振兴是大决策大战略，目标是全方位的振兴，总体规划的起点要高，内容要完整，要高目标定位。乡村振兴战略20字总要求，是新时代"三农"发展的新目标，也是建成高标准的小康社会和社会主义现代化国家的要求。因此，应适应新时代发展的新要求、农民群众的新期待，以高起点、高标准制定乡村振兴的规划目标。对于已经制定的目标，要在新的规划中对照新要求提速提质，要全方位推进。乡村振兴涉及农村经济、政治、文化、社会、生态各个方面，规划要注重农村"五位一体"全面发展。按照乡村振兴战略总要求全面部署、全面推进。

（三）统筹衔接，多规合一

通盘考虑上下、总分、城乡等发展规划编制，整合各类规划进行统一管理并加强各规划之间的衔接，形成上下贯通、城乡融合、区域一体、多规合一的规划体系。要上下衔接，制定各级乡村振兴规划，下级规划要与上级规划衔接、落地上级规划。《乡村振兴战略规划（2018—2022年）》曾对工作中的重难点进行更细致的划分和提出相应的政策举措，开展各项重大工程、重大计划、重大行动，各级地区与部门要制定与其相匹配的乡村振兴规划和专项规划或方案。编制规划还要注意总分对接，各地总规划与其他专项规划要有机对接，专项规划服从总体规划，保证一盘棋；要注意城乡融合，按照城乡一体、融合发展的要求，统筹布局城乡规划，使城乡建设互联互促；要注意新旧结合，已经完善的美丽乡村建设规划的，可以根据新要求适当完善，避免另起炉灶，浪费财力、精力。

（四）因地制宜，分类推进

根据现状对村庄治理进行分类，有序推进乡村振兴的开展，对条件优越的村庄应加快城镇基础设施和服务向农村延伸；对拥有深厚传统文化的村庄，既要保护又要相应地发展；对生活条件恶劣、生态环境恶化的地区，应首先加大生态移民搬迁和生态环境的修护。

按照乡村的人口规模、发展基础、区位条件和资源禀赋的不同，可分为五类村庄有序推进：对经济比较发达，具有区位优势的城乡便利村，可发展休闲农业、乡村旅游、养老康养、民宿经济、创意创业等产业，这类村缺少的是建设用地，可通过实施土地整治、迁村腾地等途径，让本县其他有富余土地的村通过置换、变现等方式，满足城乡便利村的土地需求；对历史文化资源比较丰富的民俗文化村，可大力挖掘民俗文化，发展民俗旅游，用足用活传统文化资源保护、乡村旅游的相关政策，大力发展乡村旅游、网红小镇、文化创意等特色产业；对生态良好的生态自然村，这类村生态优势明显、林果茶菌等特色经济有优势，但多是偏远山村，交通、物流、信息、人才比较欠缺，更多地要从基础设施"最后一公里"

等方面发力，发展农村电商新经济，让"养在深山中"的生态资源、特色产品造福群众；对以粮食生产为主的传统农耕来说，最大充足资源就是耕地，要在"农"字上做足文章，大力发展生态农业、优质农业，打造成优质粮仓、绿色菜园；对"老少边穷"村，要根据村庄发展实际，需要迁建的村要做好搬迁重建工作，不能迁建的村要出台特殊的支持政策，从基础设施建设、公共事业发展、人才队伍建设等方面给予特殊的关照，可以开展对口帮扶，一对一地进行扶持。

（五）立足本土，彰显特色

乡村振兴不能千篇一律、一个模式、一种格调；要注重地域特色、民族特色，体现各地乡土风情；不能去农村化、照搬城镇模式，要彰显地方特色和乡村特点；要建设类型多样、特征鲜明、风貌各异、多姿多彩的美丽农村；要保护好传统村落、民族村寨、传统建筑，让乡村"看得见山望得见水，记得住乡愁"。

（六）先行先试，循序渐进

农村地域范围广，各地发展差异大，要从实际出发，针对不同类型的村庄采取不同的对策。可按照整治村、创建村、示范村三种类型三个阶段分类推进，基础差的村先进行环境整治，基础好的村进行提升创建，达到创建标准后再提质示范。要注意当前与长远相结合，合理设定阶段性目标任务，既要积极作为、尽力而为，又要量力而行、久久为功，不能急于求成、一哄而上。各地要选择不同类型的村分别开展试点，以点带面，逐步推进。

（七）注重民意，务实管用

制定乡村振兴规划要充分听取群众意见，充分依靠乡村干部，要把设计专家的理念与群众的意见有机系统结合，不能一味地弃土求洋、求全求新，更不能闭门造车、生搬硬套。县以下规划要力求务实管用，要好懂好用好看。

第四节 实现乡村振兴的路径

按照中央总体布局，实施乡村振兴战略有六条必由之路，这六条路相辅相成，互为促进。要巩固脱贫成果不返贫，就必须有就业，因此就要产业提升，促进一、

二、三产业的融合，为农民实现增收。同时，要改变农民的生活环境，将农村改造成生态宜居乡村，在秉承传统文化的基础上，积极拓展文化资源，让乡村更有活力。

一、城乡融合之路

作为乡村振兴的标志之一、美丽乡村的新形式、乡村融合发展制度的创新与实践和有效载体，田园综合体指的是通过农业体验、循环农业、田园社区、创意农业四位一体的元素融入农村建设中，形成以农民为主体的宜居宜业宜游的格局。

在田园综合体的建设中，建设者应探寻到从村庄到历史文化、从农村到城市等多方面的关系，让他们彼此之间互动起来、融合起来，既能保障城市的资源向乡村配置，又能使乡村为城市服务，形成良好的循环发展业态。重塑城乡关系，走城乡融合发展之路是历史发展的必然。

（一）构建城乡命运共同体，打破城乡经济社会二元体制

中国的现实状况是：城市繁荣，乡村落后，城乡差距明显拉大。倘若乡村无法振兴，那么中国梦与中华民族的伟大复兴就只是说说而已。只有突破城乡二元体制的限制，缩小城市与乡村的差距，才能进一步实现民族复兴。那么，如何打破城乡二元体制呢？

（1）要想使得城乡享有一样的公共服务，在养老、就业、保险、就医和上学方面具有相同的标准，应解除束缚在农民身上的各种枷锁，实现农民与市民在身份上的平等。

（2）为切实实现城乡融合发展，农村享有与城市相同的各种现代文明且"幼有所育、学有所教、劳有所得、病有所医、老有所养、住有所居、弱有所扶"，政府应在乡村根据城乡一体化的要求开展涵盖卫生、网络、水电等各方面现代生活设施与银行、教育等现代公共服务设施的建设，完成包括煤气通、热力通、电力通、给水通等公共设施的"七通一平"。

（3）要通过财政保障，引导金融和社会资本进入农村。当然，同样要发挥农村自身的内在动力，强调农村自我发展。在这里，如何盘活农村自有的生产要素就变得非常关键，而现在进行的一系列改革创新，正是盘活农村生产要素的重要驱动器。因此，农村金融作为乡村振兴的撬动支点，要发挥很大的作用。

（二）城乡深度融合需要成体系的扶持政策

（1）应有充足的财政投入。为促进社会资本积极参与、财政优先保障、金融重点倾斜的多元投入格局的形成，应满足农业投入总量增幅大于财政经常性增幅的法定要求，在乡村建设的准经营性、经营性项目中引入更多的社会资本，将金融资源配置到乡村振兴的薄弱环节与核心行业。

（2）应扩展乡村振兴投入渠道。除了政府财政投入，乡村振兴的资金来源还应当依靠地方乡村的自力更生。在政策导向上，要支持大部分土地出让金用于支持乡村振兴建设，比如，地方上应该划定土地出让金用于乡村振兴的最低比例。

（3）应提升乡村振兴用地保障。为确保乡村用地符合一些公益性基础设施与发展产业的要求，不同地区应采取不同的措施，包括在激活应用农村存量建设用地的同时，为新增建设用地提供奖励、提前保留一些城乡建设用地规模、精简现代农业发展所需配套设施用地审批流程。还能够在乡村建设中，优先使用耕地占补平衡、宅基地复垦新增建设用地指标。

（4）制定优惠政策留住人才。比如为保障人才引得来、留得住、有作为，应建立服务基层贡献、乡村振兴实绩与职称评定福利待遇间的联系，在多方面对人才提供政策扶持，包括社保衔接、住房保障等方面。

（三）依靠新型城镇化建设助力城乡融合

我国目前正处于城市反哺农村、工业反哺农业的历史关头，在这种情况下，新型城镇化可以为乡村振兴提供强有力的手段。下面以特色小镇为例，看看新型城镇化建设如何推动城乡融合。

欧洲是特色小镇概念的发源地，特色小镇指某一类特色元素集聚的小镇，这类小镇有娱乐休闲、历史文化、民俗风情等休闲旅游活动，比如德国的巴登小镇、瑞士的达沃斯小镇；另外一类是高校和创新资源支撑的科技创业型小镇，比如美国的剑桥镇、普林斯顿小镇、格林威治小镇、硅谷等。

我国的特色小镇是从浙江发源的，浙江自改革开放以来经济发展比较快，这两年发展起来的云栖小镇、互联网乌镇等，都是非常好的示范。

特色小镇有几个基本要素：第一，是空间要素，必须具备除发展农业产业以外的其他产业发展的地理空间；第二，是产业要素，必须具备产业集聚功能；第三，是文化要素，必须有独特的文化内涵；第四，是服务要素，必须具备统一规划、统一管理、统一运营的服务机制；第五，是生活要素，必须具有良好的居住环境，让人们"望得见山，看得见水，记得住乡愁"。

从特色小镇的要素我们可以看出，它的出现在现有历史阶段可以有效地解决城乡发展不平衡的问题。由于城乡发展不平衡和二元经济结构的存在，迫切需要我们迅速实现城乡融合发展。这种发展的不充分、不平衡，主要集中体现在广大的农村地区，许多农民还没有追赶上时代的步伐。所以，特色小城镇的建设，正是为了解决这样的矛盾。因为特色小城镇一头连着大中城市，一头连着广袤的农村，只有把特色小城镇抓好，才能把发展不平衡、不充分的问题解决好。

二、共同富裕之路

应发展增强农村集体经济，形成共创共富的新机制，积极引导农民，发挥其主动性，走共同富裕的道路。

体现在具体方面，就是为从本质上解决农民的忧虑，让农民在社会保障与公共服务方面享有与城市居民一样的待遇，应根据城乡基本公共服务一体化、均等化的要求，深入发展各方面社会事业的水平，包括养老、农村教育等，努力让农民也可以享受"幼有好学、劳有好得、老有好养、弱有好助、病有好医"的社会福利保障；从城乡一体化发展目标出发，深入提高水利、城乡交通等基础设施一体化水平。那么，怎么做到共同富裕呢？

（一）要保证农民收入稳定增长

无论是财政资金还是金融和商业资本，都要向农村农业流动，确保农民收入只增不减。为展现财政资金的杠杆与引领作用，推动在农业农村与核心领域增加社会与金融资本的趋势，应利用包括民办公助、担保贴息、政府与社会资本合作等各类帮扶方法，整合涉农转移支付资金，对中央与地方支农事权与责任进行科学分类，增加在农业项目方面的投入绩效。

为合理鼓励科技研发团队与人员，应注重科技兴农，紧密联系农科教、产学研单位，应增加各级科技部门的资金投入，健全成果转化与科研立项评价机制。同时增加各级科技部门的资金投入。

（二）完善农村基本经营制度

（1）为在依法保护农户承包权与集体土地所有权的基础上，实现土地经营权的平等保护，应提高健全农村承包地"三权分置"制度。应确保将第二轮土地承包到期后再延长30年的政策落实好、确保农村土地承包关系始终不变。此外，相对重要的是，为实现承包土地信息的连通共享，应提高完成土地承包经营权确权登记颁证工作的速度。

（2）要想实现不同形式的股份制的合作发展，应以农民的利益为基点，重视农民的合法权益，尊重农民的意愿。这就要求在个人财产权方面要不断完善相应的法律法规。落实到具体做法，可以筛选、鼓励与优先支持部分能实现就业安排最大化、具有发展潜力和促进当地产业发展的优势农业发展，与外向型发展或农产品精深加工的优势产业和集体产业，作为优先示范和领头发展对象。

（三）搞好农村基础设施建设

从我国目前的实际情况来看，要从三方面抓基础设施建设：一是综合规划，注重水利、道路、农村通信与能源建设；二是整体提升农村公路养护管理，引领满足条件的地方村内通组道路和建制村联网路建设，同时增强农村饮水安全，促进"四好农村路"建设；三是应全面应用生物天然气、沼气、太阳能等清洁能源，争取农村全面覆盖天然气。

（四）建立和完善社会化服务体系

人的能力、知识与技术水平的提升在20世纪初到50年代成为推动美国农业生产力提高和农业生产量快速增加的核心要素。"非土地"是美国知名的农业经济学家舒尔茨在对农业经济问题进行的长时间研究中得出的观点，他认为：农村要想和城市看齐，社会化服务体系非常重要，这才是农村面貌的软实力。

具体来讲，首先农村应重视促进建立医疗教育、农民就业等公共服务平台和服务机制建设，由政府牵头，通过购买服务的模式，来扶持这些平台。

其次，可以引进社会资金和科研技术成果，优先培育当地龙头企业，为实现

一、二、三产业的融合发展，应把第一产业推向旅游、生态与休闲服务业。

最后，要鼓励农民就业或者创业，政府应积极出面创立创业基金，拓宽农民增收渠道。

（五）共同富裕的主体是农民

各级党委政府在共同富裕进程中一定会面对的问题是怎样激发亿万农民的主动性、积极性和创造性，因为农民是乡村振兴的治理主体、受益主体和建设主体。

（1）应提升农民对乡村振兴战略的思想认识。促进农民群众积极承担乡村振兴的责任，让农民群众认识到乡村振兴对他们自身利益的重要意义，这是基础。

（2）在各类制度方面应确保农民的利益。为把乡村振兴集体利益与农民个人利益天然融合，应一直将推进农民共同富裕、维护农民群众的本质利益视作践行乡村振兴战略的初心。要想农民更积极地加入乡村振兴战略，就必须提高农民的幸福感、安全感和成就感。

（3）应从如下两方面入手提升农民参与乡村振兴的效率。一是通过培训、教育、宣传提升农民的参与热情和动手能力。二是通过加强农民生产、经营和管理等素质培训，提升农民建设效率。

三、质量兴农之路

产业兴旺是践行乡村振兴战略的前提，提高农业供给体系效率与质量和将绿色兴农、质量兴农和品牌强农视作中心任务是推动农业高质量发展的重点。

农业供给侧结构性改革的目标是做到质量兴农、绿色兴农，这是中国农业发展的"命脉"。深化农业供给侧结构性改革，主要通过以下几条路径来实现。

（一）优化农业生产力布局

可以把全国划分若干个农产品主产区，依据各地农业资源的相对优势与有利资源条件，建立一系列包括专业化生产区域和优势发展区域的先行示范区。

以长江中下游、东北和华北地区为例，长江中下游区域为发展名优水产品生产，应在确保粮油生产的基础上，完善水网地带生猪的养殖布局；东北区域应把中心工作放在提高粮食生产能力方面，基于"大粮仓"建立粮肉奶综合供应基地；

华北地区为确保畜产品、粮油与蔬菜的生产，应重点发展节水型农业；华南区域要把特色园艺产品与当代畜禽水产作为发展的中心；西北、西南地区和北方农牧交错区则可以壮大区域特色产业；青海、西藏等生态脆弱区域则可以发展高原特色农牧业，同时坚持保护优先、限制开发。

（二）壮大特色优势产业

每个地方都有自己独特的资源禀赋，也有自己独特的历史文化，所以，各地区的发展必定是建立在合理发掘优势特色资源、充分做大做强特色产业的前提之下。如浙江省将建立的许多有市场竞争优势且特点突出的农产品优势区打造成了标准化的生产、加工、储备基地，在科技、品牌和市场的三重带动下，形成了规模的特色产业群。

（三）确保农产品质量安全

要想农村能够立足长远发展，农产品的安全问题必须放在重要位置。一方面，农产品质量要过关，粮食、食品安全标准要达标。当前在我国农产品的生产指挥不断地趋于规范化，因为我国除健全了农兽药残留限量标准体系，还在包括农产品市场准入、质量分级与产地准出等方面做了大量工作。另一方面，我国还施行了农产品质量应急处置、安全风险评估和监测预警机制。为让全国动植物防疫检疫实现联控联防，应落实动植物保护能力提升工程。

在农产品质量监管方面，我国有农产品认证体系和农产品质量安全监管追溯系统。也就是说，农民要对自己生产的产品安全和质量问题负责任，农民犯错的成本将会随着惩戒措施的增加而上升。

（四）打造好农业品牌

农民要有品牌意识。品牌有好多种类，包括企业品牌、大宗农产品品牌、区域公用品牌、特色农产品品牌等，要着力提升这些品牌。不仅要让老品牌焕发新生机，还要塑造一批新品牌，可以引入现代要素提升老品牌的活力，还可以利用展销会、农产品博览会等路径，最大程度应用"互联网+"、电商等方式，增强品牌的市场营销，打造一批新品牌或者国际品牌展会。

另外，要特别注意对品牌的保护，在构建区域公用品牌授权使用机制的同时，应通过建立农产品品牌保护体系，提高地理标志与农产品商标的注册方式，严厉惩处各类滥用、冒用公用品牌的行为。

（五）让农民自己的产品走出去

农产品质量好了，品牌有了，就可以鼓励农民将好的产品推销出去，不仅要走出农村，还要走出国门，走进更大的全球市场。我国的农产品贸易政策体系在逐步健全，这就给了农民将特色优势农产品推向世界，并且以高附加值出口的机会。

四、乡村绿色之路

这是针对当前农村突出的环境问题所给出的指导性原则和方向。因为没有好的环境，发展就会失去意义。走绿色发展之路，是乡村振兴的必要条件。始终践行保护自然、尊重自然、顺应自然，形成坚实的"绿水青山就是金山银山"的理念，是推动乡村振兴、建设生态宜居美丽乡村的前提。

具体来讲，绿色发展之路主要从以下几个方面入手。

（一）保护资源，节约利用

从国家整体来讲，一是要节约用水，应通过开展农业节水活动的方式，建立节水型乡村。既要建立节水的政策保障体系，又要对农业灌溉用水总量进行定额管理与控制，为制订节水奖励和精准补贴机制、促进农业水价综合改革，还应对农业水权进行清晰的划分。对于未利用土地的开垦，应严格把控健全与践行耕地占补平衡制度。二是要保护耕地，实施农用地分类管理，编制轮作休耕规划，拓展轮作休耕制度试点。三是促进对种植资源的利用、收集保护和鉴定，保护国家现有物种。

从农村、农民个人来讲，也是要从保护农村现有耕地、林地资源，节约能源等为前提，再谈农村的发展。资源、环境的保护是长期发展的前提和基础。

（二）实现农业的绿色生产

做好农业生产，要绿色先行，需从以下三个方面入手。

（1）为严格把控饲料质量安全管理，应健全农药风险评估技术标准体系，提高农业投入品规范化管理，为促进化肥农药减量施用，完善投入品溯源系统。

（2）提高农林产品加工残余物的资源化利用率，提高促进种养循环一体化的速度，构建农村有机废料的收集、转化、利用网络体系，在促进包装废料等回收处理的同时，应进一步进行秸秆综合运用与焚烧制度，在全县范围内，开展促进畜禽粪污资源化利用试点。

（3）为从严管理近岸海域、河流湖库投饵网箱养殖，应倡导水产健康养殖，在近海滩涂范围加大养殖环境治理力度。通过打造稳定健康的田园生态系统，健全与修复生态廊道，使得田间生态链与生物群落重新充满活力。

（三）政府要集中治理环境问题

应对被重金属污染的耕地进行分类管理与安全利用，采用定期详查的方式，准确掌握我国的土壤污染情况。为使得地表水过度利用区与地下水漏斗区的用水总量的平衡，应提高地下水超采治理力度。

在城乡发展过程中，城镇不能为了短期利益，而将未经达标处理的城镇污水和其他污染物排入农村土地。所以一定要加强农业面源污染综合防治，为推进执法向农村拓展和动态环境监测，应构建监测体系，严格控制城镇与工业污水治理与达标排放水平，增强经常性执法监管制度建设。政府在引进一些项目的时候，一定要把环境保护作为首要判断指标。

（四）改善农村居住环境

（1）农村生活垃圾治理。构建满足形式多样、贴合农村实际要求的生活垃圾收运处置体系，有条件的地域还应进行非正规垃圾堆放点的排查治理和垃圾就地资源化应用与分类。

（2）进行"厕所革命"。为促进厕所资源化应用与粪污无害化处理，应在当地具体情况的基础上，推广不同种类的卫生厕所。逐渐实现农村饮用水水源地的有效保护，与黑臭水体的消除。

（3）科学有序地规划村庄建设布局。为凸显地域民族特色与乡土特点，应提高农村居民住房的设计水平。道路建设、绿道景观设计、公共照明设施等，都要做到心中有数。对于公共空间和庭院环境，要做到大家互相爱护，禁止乱堆乱放。

（4）要建立健全服务绩效考评制度。比如对垃圾污水处理实施农户付费制度、对环保项目实施财政补贴等，为健全农村人居环境标准体系构建，应以法律为依据，精简农村人居环境整治建设项目招投标和审批程序。

（五）保护和修复乡村生态

（1）我国在生态保护方面建立了越来越完善的制度。针对天然林和公益林、草原生态、河湖生态等，相关部门都会执行严格的保护制度和责任追溯制度。在自然保护区、风景名胜区、地质遗迹等方面，也有对应的保护制度，乡村发展不能越界。

（2）应运用好生态保护补偿机制。省以下生态保护补偿资金投入机制是我国正在开展的工作。倡导地方利用协议、置换、租赁等各种形式提高对生态的保护，是对重点领域生态保护补偿机制的常用措施。与此同时，我国还制定了长江流域重点水域禁捕补偿制度和草原生态保护补助奖励政策。

针对这些花样繁多的补偿制度，乡村能不能吃透、能不能灵活应用等，都是亟待解答的问题。要回答好这些问题，就要从不同的方向，利用市场化的方式，拓展湿地、森林等碳汇交易与生态修复工程的可行渠道，完善碳排放权、用水权、排污权交易制度。为提升补偿的实效性，还应探寻农村借助共建园区、对口支援、设施补偿等方式的可能性。

（3）展现自然资源的多种效益。在乡村中，生态种养、旅游等能够形成产业链。应倡导农民自觉投身到生态修复的事业中来，支持在满足节约用地、土地利用总体规划与土地管理法律法规、依法办理建设用地审批手续的要求基础上，使用治理面积的1%到3%进行各类产业开发，包括体育、旅游等产业，与此同时，还应利用经营活动盘活在村中的湿地、森林、草原等各种自然资源。

（4）在林业资源方面，应深度开展集体林权制度改革。全方位倡导各种形式的适度规模经营，森林经营方案编订工作，鼓励实施林权收储担保服务，拓展商品林经营自主权范围。为倡导本地群众参与管理服务与生态管护，还应建立生态管护员工作岗位。

五、乡村文化之路

走文化兴盛之路，就是发挥农村自身的自然禀赋，保护好农村的自然环境，依据自身特色建立起乡村的村落文化，让生态环境和美丽乡村建设互促共进。

要想让乡村充满活力与生机，就必须把先进文化引进山川优美的乡村环境中，因为文化是乡村振兴的灵魂。因此，我们既要通过在传承保护本土文化的前提下吸取外来文化与城市文化中的优秀部分，创新性发展、创造性转化，持续丰富表现形式、赋予时代内涵为提高文化自信提供优质载体；又要以重建乡村的文化生态与伦理秩序，在乡村中凸显中华文化中孝道、和谐等时代风采，找回乡村文化基因为目标，进一步发掘中华优秀传统文化中包含的道德规范、思想观念和人文精神。

（一）传承和保护乡村传统文化

必须保护传承农耕文化。应通过划定保护线的方式保护乡村建设的历史文化，如保护好灌溉工程遗产、文物古迹、民族村寨、农业遗迹、传统建筑。在乡村建设中，通过在传统建筑中融入民族特色、历史与地域特色的方式，借鉴传统建筑的特色。

此外，应发展与继承好各种现存文化，因为包括民间文化、戏曲曲艺、少数民族文化均是乡村所独有的。开展非物质文化遗产传承发展工程，健全相应的保护制度。为倡导实施乡村史志的修编，应开展乡村经济社会变迁物证征藏工程。

（二）丰富乡村文化生态

为形成个人别具一格的文化发展道路，应科学应用不同乡村的民族与地方特色文化资源和不同特色的文化符号。此外，为充实乡村文化生态，能够吸引企业家、文化工作者等投身于乡村文化建设中。

（三）促进乡村特色文化产业的发展

（1）可以培育形成乡村自己的具有民族特色和地域特色的传统工艺产品，提高产品质量，创造独有品牌，通过产品带动当地就业和经济发展。

（2）通过典型示范与规划引导，打造有显著特色的农耕文化展示区，发掘与培育一些乡村本土的文化人才，由此建成文化产业群与特色文化乡镇。

（3）对于像武术、戏曲、舞龙等民间艺术，应重视推动这些文化资源与现代消费的有效对接。同时还应创新发展，考虑把这些文化与旅游等其他产业整合起来。

（四）繁荣乡村文化生活

（1）要健全公共文化服务体系。主要工作内容是将县级图书馆、文化馆辐射到基层乡村，可以通过建立分馆制，建设乡村综合性文化服务中心，全面覆盖两级公共文化。另外，要做好农村广播电视公共服务体系的建设，除了数字广播电视，还要探索一些电影放映的新模式。也要充分利用新媒体，让农民能够获取优质的数字文化资源。

（2）应提高公共文化服务与产品供给。如开展"订单式""菜单式"服务，形成农民群众文化所需的反馈机制，促进政府向社会购买公共文化服务。再比如，倡导不同级别文艺组织与农村地区进一步开展惠民演出活动，鼓励文艺工作者推出体现农民生产生活特别是乡村振兴实践的优秀文艺作品的方式，助力"三农"题材文艺创作，等等。

（3）要广泛开展群众文化活动。鼓励农民自主参与文化建设，自办文化活动，对于乡村本土文化人才、文化能人，要支持和鼓励，要多多挖掘和培育新人，建设自己的懂文艺、爱农村、爱农民、专兼职相结合的农村文化队伍。倡导农村举办节日民俗活动，鼓励文化志愿者主动投身农村文化活动。

六、乡村善治之路

传统的乡村政治效率低是由于乡村治理方式、理念、方式无法满足乡村振兴要求，法治意识薄弱，呈家族化、碎片化、能人化等特点造成的。乡村善治是什么呢？1992年，世界银行在《治理与发展》报告中，为推行"善治"开出了"四服药"：公共部门管理、问责、法治、信息透明。实现乡村善治，要从以下几方面着力。

（一）做好制度管理和资源分配

为确保乡村振兴战略落实的可持续性，不但应统筹好"组织""地""文化""钱""人"五方面要素，而且应在制度、法律建设方面进行规范。一方面，为确保以战略实施的规则为前提，完善此战略开展过程中形成的制度供给漏洞，应"强化乡村振兴制度性供给"；另一方面，为借助法律的方式规范此战略的落实，应尽快颁布《乡村振兴法》。

另外，要公平分配从城市流进来的大量资源，具备严格的标准与详尽的规划、始终秉持农业农村优先发展的准则和实现公开、公平与公正的分配，是利用政府公共资源的基本要求。针对社会资源，为避免以乡村振兴的旗号做有损农民权益的事，在吸引、倡导社会资本主动流入乡村的同时，应建立制约机制，形成相关的规章制度。

（二）构建自治、德治、法治三者相结合的治理体系

构建自治、法治与德治融合的善治模式是乡村治理能力与治理体系现代化的核心。

为最大程度提升广大农民的主动性，应全力做好乡村自治工作，即在乡村治理的过程中，以村民为主体，将自治作为乡村治理体系的基础，由农民共同选举村干部。此外，为倡导村民在现代化乡村治理过程中成立各种NGO组织，包括道德文明、文化建设等，展现社会各种新乡贤、人才等群体在乡村治理中的作用，应促进政务公开。

用德教育、教化人，展现基层党组织领导的关键作用是德治的内涵。法治指的是通过夯实农民法律保护基础、教导农民形成用法、爱法、学法的思想理念，深入发展法治文化，提升农民法律保护意识与村民法治认知水平。

要想循序渐进地推动乡村治理，建立乡村治理的完整体系，应实现德治、自治和法治的有机融合。

（三）"人"是善治之路的关键

在乡村振兴过程中，主要存在三个难题，而人才不足就是其中之一，要解决农村的人才短缺问题，应从以下方面入手。

（1）应最大程度留住农村现有人才和实现现有人才功能的最大化，为使专业技术人才、镇村干部等原有人才充分发光发热，应采用提供平台、提高待遇等方式。

（2）应提升农民的科学文化素养，完善拓展对农民的各种培训与教育。

（3）应增加农村的吸引力，让越来越多的文化水平高的城市人口来此创业、创新。为实现推动农村一二三产业的深入融合，发掘农业多维功能，增加现代高效农业发展力度的最大化，在农村具备良好的产业支撑的同时，政府应增强顶层设计。只有在产业支撑的基础上，搭配转移支付等制度安排，部分人力资源才会向农村转移，各种人才才会逐渐在农村汇聚。

第四章 乡村人才振兴的策略

要实现乡村人才振兴,必然先制订行之有效的方案。本章内容为乡村人才振兴的策略,包括乡村振兴人才创新能力提升策略、乡村振兴人才综合表达能力提升策略以及乡村振兴人才创业能力提升策略。

第一节 乡村振兴人才创新能力提升策略

实施乡村振兴战略,是党和国家结合习近平新时代中国特色社会主义发展实际提出的一项新举措,该工作本身就是一项创新。因此,乡村人力资本开发工作组织者要做好乡村振兴人才素质提升工作,提高乡村振兴参与者创造创新能力。

一、突破传统观念的能力

人们常有这样一种思维误区,认为对于复杂问题的解决也必然是一件复杂的事。产生这种观点的重要原因之一,就是传统观念的影响。要解决这类问题,就要通过突破传统观念来简化问题。在具体的工作中,乡村振兴活动参与者可以借助三种思维方法突破传统观念。

第一,根据直觉思维直接打破传统观念。直觉思维法指的是直接获取一类知识的思维方法,不需经过有意识的逻辑思维过程。作为打破传统观念的有效方式,直觉思维是一类下意识思维。有些时候,人们对某一认识的形成与某个问题的理解是通过突然领悟而获取的,而不是经过严密的逻辑推理过程。在认识过程中,直觉主要有三种表现,分别为:对某一难题的突然攻克、对某一问题的突然理解和对某一创造性思想与观念的突然产生(灵感),它指的是部分信息在无意识的状态下经过加工在突然沟通时所形成的认识的飞跃。

直觉思维是一种从材料直接达到思维结果的认识活动，是一种思考问题的特殊方法。人们在思考问题时，借助直觉启示而对问题得到突如其来的领悟或理解被称为顿悟。顿悟属于潜意识思维，它的特征包括功能上的创造性、时间上的突发性、过程上的瞬时性和状态上的亢奋性。在现实生活中，人们往往遇到这种情况：某个问题已经研究很久了，成天苦苦思索，仍然没有解决问题的思路。而一个突然的外界刺激，使思考者头脑中突然出现了一种闪电式的高效率状态，顿时大彻大悟。顿悟并非某些科学家、艺术家、文学家所特有的，每个正常人的大脑都具有这种功能，差别仅在于顿悟出现次数的多少，功能的强弱，而不在其有无。顿悟并不是虚无缥缈的，它不会凭空发生，只会垂青于那些知识渊博、刻苦钻研、经验丰富的人。勇于实践，积累广博而扎实的知识是灵感顿悟产生的基础。只有对问题的解决抱有热烈的渴望，对问题怀有浓烈的兴趣，头脑维持下意识思考的状态，与此同时，对资料与问题进行持续不懈的思考，直到实现思想的"饱和"，这是形成灵感顿悟的最基本条件。

必须指出的是，直觉思维不会凭空而来，而是与专业知识背景紧密相连的。因此，直觉、顿悟乃至在梦中产生的想法，都必须以一定理论知识背景为基础，那种认为直觉、顿悟可以解决一切的想法是十分不切合实际的。

第二，利用想象突破传统观念。人的创造性思维来自丰富的想象，创造想象是创造活动的先导和基础。好的创造成果无不起源于新颖、独特的创造想象。人们在思考问题时，除了运用概念进行判断、推理外，还依赖于想象。广义的想象包括联想、猜测、幻想等。想象意味着把概念与形象、具体与抽象、现实与未来、科学与幻想巧妙结合起来。但值得注意的是，想象的东西在没有被实践证实之前，始终只能是想象而不是真理。要把想象变成现实，既要有一定的条件，也要有一定的过程。因此，我们在倡导想象，提倡培养自己丰富的想象力的同时，必须对想象保持清醒和不同程度的怀疑态度。

想象本身是以人类旧有的经验为基础，通过对这些经验的有意识重组，进而创造出一个崭新形象来的心理过程。人们在分析和解决问题时，可以通过一系列具有逻辑上因果关系的想象活动，来改善特定的思维空间，从而选择解决问题手段的思维方法。

联想是想象的核心。联想是通过事物之间的关联、比较,扩展人脑的思维活动,从而获得更多创造设想的思维方法。联想可以通过对若干对象赋予一种巧妙的关系,从而获得新的形象。

要更好地实现想象,就要冲破现存事物和观念的束缚,对现在尚没有但有可能产生的事物进行大胆设想。要进行大胆设想,首先,要破除迷信、摆脱束缚,要摆脱现有事物和观念的束缚,不能认为现有事物已能满足人们的需要,已经发展完善到完整无缺的顶峰,再无法提高和突破,更不能迷信权威和经典。其次,勤于思考,大胆怀疑。最后,创造想象的"原料"来自丰富的知识和经验,来源于广泛实践基础上的感性想象。要想发展自己的创造想象能力,就必须不断扩大知识范围,增加感性想象的储备。

第三,利用非逻辑思维突破传统观念。非逻辑思维是突破传统观念的有效途径。非逻辑思维是指在思维过程中有意识地突破形式逻辑的框架,采用直觉的、模糊的和整体的思维方法。非逻辑思维既承认逻辑方法在认识过程中的作用,又突出了直觉思维的非逻辑性在认识过程中的重要意义。

非逻辑思维主要包括以下几种:第一种,模糊估量法。在面临一个问题时,先对其结果做一种大致的估量与猜测,而不是先动手进行实验设计或逻辑论证。这是一种直觉方法。这种方法的根据是先前的经验和自己的直觉判断能力。这种方法有时会帮助研究者形成一种总体的、战略性的眼光,有时会导致一种假说的提出。第二种,整体把握法。它要求人们暂时不注重对象系统某些构成元素的逻辑分析,而是重视元素之间的联系及系统的整体结构。

非逻辑思维的典型思维方式是超常思维。所谓超常思维是指遇到问题善于冲破常规和习惯势力的束缚,匠心独运、别出心裁地去思考、探索,寻求异乎寻常的解决途径,争取获得人们意想不到的效果的一种思维方法。应用超常思维方法,一般有以下几种典型情况:第一种情况,冲破束缚,另辟蹊径。当工作面对新情况、新问题时,敢于冲破旧有的各种束缚,开辟新思路,开拓新境界。第二种情况,匠心独具,超凡出众。要实现创造性解决问题,就需要匠心独具,超凡出众的思考。其在工作中要善于打破传统思维的一系列传统习惯,才能有所突破。第三种情况,处变不惊,化解难题。工作要经常面对突发问题,这个时候必须冷静分析,才能做出正确判断。第四种情况,因果关联,纵深突破。第五种情况,巧施联想,出奇制胜。乡村振兴活动参与者在工作中，要根据事物与周围环境之间的相关性原理，进行全方位思考，这样才能保证解决问题的系统性。

二、保障逻辑思维的严密性

创造性思维是以非常规的思维为基础。但是，真正的创造性的人类成果最终必须是符合逻辑的。因此，要想提高创造性思维能力，就要先提高逻辑思维能力。人们对事物的把握，是一个由浅显到深入、由低级到高级、由现象到本质或从抽象逐渐到具体的过程。因此，比较典型的逻辑思维方法就要由表及里、层层深入、抽丝剥茧。

掌握逻辑思维方法，不仅要学会层层深入，还要善于比较，善于应用比较思维。所谓比较思维，指的是通过比较各类现象与事物来确定它们的关系与异同点的思维方法。所有事物各类性质都是相对的，包括规模的大小、优劣等。对比是所有思维与理解的前提，可以说：不经过对比，就无法作出鉴别。要想辨别事物将它们按类别划分，就必须经过对比辨别事物间的异同点，这也是人们了解事物彼此关系、属性和特征，认识事物的唯一方法。

比较一般可分为两种类别：同类事物之间的比较和不同类事物之间的比较。在同类事物之间进行比较，找出其相同点，可以揭露事物的共性；找出其不同点，可以揭露事物的特殊性。而在不同类事物之间进行比较，找出相同点，可以揭示事物之间的联系；找出不同点，还可以揭示事物之间的区别。一般可采取顺序比较和对照比较两种方式。顺序比较是把现在研究的材料和过去的材料加以比较。这是一种继时性的纵向比较，如今与古比、新与旧比较等，这种比较容易说明新事物的优越、新阶段比旧阶段进步等，同时还可以发现优越之特性，进步之表现，从中寻求规律、拓宽思路，预测未来事物的发展进程。对照比较是把同时研究的两种材料交错地加以比较，这是一种同时性的横向比较，这类对比为掌握事物的优劣与异同，能够实现空间上同时并存事物的对照。横向比较包括单位与单位、国家与国家、地区与地区、人与人的对比，一定要在同类事物间进行。可比性是进行此种比较时应关注的点，如"异类不比"，即在对比资本主义制度与社会主义制度的过程中，去除不可比的因素，只对比那些可对比的因素。与此同时，应保持公正、客观的严肃态度，以正确的立场为基础，用正确的观点进行对比。明晰对比的意义，既是横向比较的要求，又是纵向比较的要求，之后以比较为依据进行历史的、科学的具体分析。因此，比较中的纵向比较可能导致单纯地回头看，产生满足现状或今不如昔的偏向；比较中的横向比较则可能变成现象简单笼统地对照罗列，或者导致对自己、对别人、对事物的全盘否定或全盘肯定，得不出合理的科学结论。

要更好开展思维活动，进行有效的比较对照，就要关注如下几种形式的比较：首先，进行新知识与旧知识的比较。在对比中掌握新旧知识的异同，为增强对新知识的掌握程度，应在将新旧知识串联起来的同时，以旧知识为前提学习新知识。其次，在新知识和新知识间进行对比。在比较中认识事物之间的共同性和特殊性，揭示事物之间的联系和区别，使学员所掌握的知识深刻化和精确化。再次，进行旧知识与旧知识的比较。在工作中，把已经拥有的知识相互比较，以加深理解，加强巩固，并把知识系统化起来，形成解决问题的方案。最后，进行理论与事实比较。使思考者根据事实了解理论，并检验理论的正确或错误，把理论和实际联系起来。

三、善于变换思维角度

乡村振兴活动参与者要在工作中实现创造性思维，还应恰当改变思维角度、转变思维方向。传统的思维是一类正向的思维方式，要改变思维角度，就应运用逆向思维、侧向思维、合向思维，增加思维形式，促进思维的多样化。下面逐一分析上述几种思维方法。

（一）逆向思维

作为一类创造性思维，逆向思维也被称作反向思维，它注重的是从事物的对立面或反面来思考问题。逆向思维与正向思维相对应。正向思维指的是人们以现有理论为参考，应用过去的经验与知识思考与解决问题的一种方法或能力。虽然正向思维在人们日常思考和科学研究中起着巨大的作用，但是，人们在进行问题思考的过程中，应用一次特定的思路，下一次应用同种思路的可能性就越高，这是人们心理定势和心理倾向的趋势。在一连串的思想中，一个个观念之间形成了联系，这种联系紧紧地建立起来，必然导致它们的联结很难破坏，这样就容易使人们形成一种固定的思维模式,即习惯性思路或思维定势,如"守株待兔"的千古笑谈就是其中一例。

逆向思维则应打破这类思维定势或习惯性思路。它是从事物常规的对立面去探寻解决和思考问题的一类思维方法。根据唯物辩证法的基本原理,事物都存在着正反两个对立面。所以,人们在对待事物的时候就需要既看到正面也要看到反面,既看到前面又看到后面,既看到外面又看到里面。这就是逆向思维得以成立的基础。

人们的思维,在主流上属于正向思维,即凭借以往的经验、知识、理论来分析和思考问题。这是人类文明得以源远流长和发扬光大的内在源泉,也是每一个体系得以逐步完善的根本所在。但是,其中的负效应也助长了人们思维定势或习惯思路的形成:知识越多,经验越丰富,思路也就越教条、越循规蹈矩。天才和聪明人正是心中藏着逆向思维才获得成功的。相反,一个知识或经验十分丰富的人,如果堵死了逆向思维的通道,遇到难题就只能一条思路走到底,最后会陷入死胡同而不能自拔。由此可见,逆向思维对于开阔人们的思路是非常重要的。

(二)侧向思维

侧向思维是一类创造性思维方法,即从对距离很远的事物的联想中获得启发,而形成新的设想的方法。侧向思维方法主要包括直接定向强方法、无定向探试弱方法、趋势外推法和寻求诱因法。

直接定向强方法是在改变思维方向的过程中,思考者根据以往的知识和经验或某一指导原则,判断出解决某一问题方法所在的方向,于是撇开其他方向,直接选择这一方向进行思考和研究。

无定向探试方法是在人类历史的早期或者人类刚刚涉足的领域,人们在没有经验指导或缺乏足够专业知识的条件下,往往不得不在多种可能性之间进行反复的比较、分析、试错、修正,最后筛选出解题所需信息的思维方法。这种方法也被称为试错方法。

侧向思维方法的另一种有效方法是趋势外推法。趋势外推法又称趋势外括法或趋势分析法。是一种属于探索型预测的思维方法。趋势外推法的前提是:过去发生的某一事件,如果没有特殊的障碍,在将来仍会继续发生,它是依据事物从过去发展到现在再发展以至到未来的因果联系,认为人们只要认识了这种规律,就可以预见未来。正因为如此，人们在运用趋势外推法时，对于事物的未来环境并不作具体的规定，而是基于这样一种假说，即影响过去时期发展的主要因素和趋势，在推测时期中是基本不变的，或其变化的趋势和方向是可以认识的。因而未来仍将按从过去到现在的趋势发展下去，人们也就可以从现实的可能出发，从现在推向未来。趋势外推法是以普遍联系为其理论根据的。根据普遍联系的观点，客观世界的事物都是相互联系、彼此影响的。从横向看，每一事物都处于普遍联系的链条中，都是普遍联系的一个环节，认识和把握其中一个环节，可以认识其他的事物；从纵向看，每一事物都有其自身发展的历程，即都有过去、现在和将来的发展过程。可见，趋势外推法有两个方面：一方面，趋势外推一般从横向联系来预测事物发展的趋势；另一方面，要更好地实现侧向思维，仅仅通过趋势外推是远远不够的，通过加强外界刺激来促进思维方向的转移则是更有效的策略，而要更好地加强外界刺激就要寻求诱因。寻求诱因是以某种信息为媒介，从而刺激启发大脑而产生灵感的创造性思维方法。

寻求诱因法往往以某个偶然事件（信息）为媒介，通过刺激大脑而产生联想，豁然开朗，迸发出创造性的新设想而解决问题。当人对一个问题百思感到不得其解时，诱发因素是极其重要的，所谓"一触即发"，就包含了诱因的媒触作用。表面上看，有诱因就可以解决一切问题。事实上，诱因并不是引发侧向思维的关键。面对诱因，必须保持高度敏感，并且积极调动自己的固有知识。而侧向思维并非在任何情况下都能发挥作用，必须具备一定的条件。这个条件就是：所研究的问题必须成为研究者孜孜以求、坚定不移的研究目标，一直悬念在心。只有在这种情况下，人的大脑皮层才会建立起一个相应的优势灶。优势灶有两个基本特征，即神经细胞对刺激的敏感性大大提高和脑细胞长时间保持兴奋状态，因此，一旦当侧向思维受到某个偶然事件的刺激，就容易产生与思维相联系的反应，从而对所研究的问题形成新的设想，或者提出新的问题，使侧向思维在创造活动中发挥重要作用。

（三）合向思维

作为一类创造思考方法，合向思维指的是为形成新设想，把与思考对象相关部分的特征或功能汇聚组合起来，又称合并思维法、组合法。

合向思维法是一种简单实用的创造性构思法，在不同领域中的表现形式各不相同，常用的合向思维分为两大类型。

第一类，"辏合显同"法。这种方法指的是从原本杂乱零散的聚合材料中抽象出它们的新特点与本质所在的创造性思维方法。"辏"，原是指辐条聚集到中心上，后引申为聚集，"辏合显同"就是把所感知到的对象依据一定的标准聚合起来，显示出它们的共性和本质。"辏合显同"法主要有以下几种类型：第一种是审视法。这是"辏合显同"的先行方法，即对研究的对象用审视的眼光去分析，为能显同打下基础。世界上的事物尽管形形色色，各不相同，但只要我们对研究对象的形态、属性、结构、功能以及运动过程等进行抽象概括，就能找出同类事物的共同点，确定其共性。第二种是综合法。即通过把原来是杂乱的零散的材料聚合在一起，并进行综合考察，分析研究，从而得出创造性效果的方法。第三种是集注法。即集中力量贯注于研究对象的思考方法。在进行按"辏合显同"的思维活动时，必须对大量杂乱零散的材料进行"去粗取精、去伪存真、由此及彼、由表及里"的加工改造制作，即要选择材料、鉴别材料、联系材料和深化材料。只有这样，才能在异中显同，抓住事物的本质和规律。

第二类，添加法。作为一种思维方法添加法指的是为形成新设想，在已有事物中增添某种东西。添加法的基本内容为，依据所需解决的问题，围绕中心词"添加"，提出一连串相关的设问：假如扩大、附加、增加会怎么样？能否增加频率、尺寸、强度？能否加倍或扩大若干倍？人们在这种发问中，能扩大探索的领域，开拓视野，启发思路，从而产生新的设想，达到发明创造的目的。

合向思维看似简单，但是如能尽量把不同质的、意想不到的东西加以组合，这个想法便是前所未有的、崭新的了。合向思维的运用很广泛，不仅可以将物体与物体合并，创造出一系列新产品；也能够把某一科学技术与各类方法融合到一起，由此产生一类新的解决问题的方法。

第二节 乡村振兴人才综合表达能力提升策略

随着现代社会的发展对不同行业的工作人员的素质要求不断提高，乡村振兴工作需要具备各类因素彼此协调、综合发展的人才，包括体质、知识、理想等。综合表达能力是乡村振兴活动参与者的重要素质。

一、乡村振兴活动参与者写作能力的提升对策

乡村振兴工作对乡村振兴活动参与者综合表达能力提出了较高的要求，面对当前乡村振兴活动参与者综合表达能力参差不齐的现状，提升参与者的综合表达能力成为做好乡村振兴人才素质提升工作一项不可缺少的任务。要提升乡村振兴活动参与者综合表达能力，关键要抓好书面表达和口头表达两方面工作，如果没有写作能力做基础，口头表达也会变得空洞无物。因此，从这个意义上说，写作又是口才的基础。要提高乡村振兴活动参与者的写作能力，需要做好如下几方面的工作。

（一）强化框架构思能力，抓住提高文章质量的关键

写作，是人类传递信息、交流情感的一种重要方式，在人类历史发展中起到了十分重要的作用。写作可划分为文学写作和实用文写作两大类。实用文是激励社会进步、加速经济发展、强化行政管理、促进科技创新的重要文章形式。实者，实践、实情、实质、实效、实益；用者，需用、运用。不言而喻，实用文、实用写作的突出特征是以实践为基础，经过实考、实证，反映实情、实质，具有积极作用与实用价值。

在具体工作中，许多文章的写作常常面临"应时""应事"和"立等取用"的现状。有时，乡村振兴活动参与者会遇到一些"十万火急"的特殊情况，或因上级机关领导前来视察、指导、调查研究，需要准备全面或专题情况汇报材料，或召开紧急的电话会议、通报会，需要为领导起草讲话稿，或因某项活动计划临时变动，需另外准备一些讲话稿等。有些稿件需要在一两天甚至3—5个小时内完成。在这种情况下，一些有经验的"快手"乡村振兴活动参与者可以展示实力、大显身手，而有一些"出手"不快的乡村振兴活动参与者却往往会有文思不济、一筹莫展之感。

实践证明，乡村振兴活动参与者要学会应急快写，除了必须具备深厚哲学、政策理论修养以及文字写作功底以外，还要学会厘清思路、定准主旨、调动积累、借鉴参考，进而在优化框架构思上掌握一些"窍门"。否则，很难高效快速、保质保量地完成紧急写作任务。因此，优化框架构思是乡村振兴活动参与者在工作中，高效完成文章写作任务的有效途径。

（二）强化材料处理能力，为写作表达能力提升奠定基础

材料，是指作者为某一写作目的，从社会生活和工作实践中搜集、整理并且写入文章的一系列的事实或论据。材料是写好文章的前提和基础，是表现、深化主题的支柱。因而大量占有材料是撰写文章的必要条件。所谓材料的处理，就是指根据文章主题的需求，对占有的材料所做的取舍。

材料是构成文章的基础，是一切写作活动的前提。在具体工作中，乡村振兴活动参与者写作时必须以现实需求和写实为宗旨。"材料"来源于客观存在的事实，是对实物和现实的直接经历与感受，没有材料这个现实依托物，实用文写作也就成了"无米之炊"。

在具体工作中，乡村振兴活动参与者面临的写作任务都是以现实工作需要为目的，具有较强的真实性和针对性。文章的主旨是通过全部文章内容的基本主张或中心思想表达出来的，不能凭空杜撰，只能是作者对各式各样的材料进行分析提炼，综合加工而得以确定的。从写作程序上讲，材料是第一性的，是写作的根基和前提，是"实"；而主旨是第二性的，是在占有大量材料的根基上产生的观点、意念和感受，是"虚"。一篇文章的内容如何，首先要看文章使用的材料是否真实可信。真实是撰写文章的根本，也是权衡文章内容的标准。思想、观点和材料的有机统一，是对实用文章的又一个基本要求。主旨可以用一句话或一段简明扼要的句子来表述，但它在具体文章中，却不能孤立地片面地存在，而应该用典型、生动的人物、事件、定理、数据等有说服力的材料来表现、支持和证明。尽管有些文章也提出了观点和列举了若干材料，但观点不是从材料的科学研究中得出的结论，而是为适应观点拼凑得来的，这不是在实质上的统一。还有一些文章，观点是有的，但无法以材料佐证，阐述也流于泛泛的空谈。写作实践表明，主旨的提炼和深化是在大量占有材料的基础上得以实现的。材料是表现深化主旨的支柱，材料的取舍和组织受主旨的制约。

在具体工作中，写作的目的性、针对性都是较强的。而搜集材料也应根据文体特征、写作目的和意图，具有一定的原则性。具体有以下几点。

第一，客观性原则。实用文章写作是反映社会现实并为社会发展服务的，写作所用的材料和论据必须是客观的、真实的事物，只有尊重客观规律，充分了解

事物或现象的本质，才能充分发挥人改造客观世界的主动性。

第二，广泛性原则。搜集材料多多益善，这是写作者的一种共识。实用文写作，对知识的深度和广度有很高的要求。因此，搜集材料的途径就显得更为重要。所谓广泛性，就是应全面搜集各方面的材料，既要搜集直接材料，又要搜集间接材料；既要搜集现实材料，又要搜集历史和发展材料；既要搜集主体材料，又要搜集背景材料；既要搜集具体材料，又要搜集抽象材料；既要搜集典型材料，又要搜集一般材料；既要搜集正面材料，又要搜集反面材料；既要搜集事实材料，又要搜集理论材料；既要搜集文字材料，又要搜集数据、图像等非文字材料等。在此基础上，对获得的材料进行鉴别、分析、选取有用的材料，互相印证、点面相援，才可以使文章有深度、有广度、内容充实、重点突出。

第三，典型性原则。典型性是指那些具有代表性和普遍性的事实现象和理论观点。典型性的材料能深刻地反映事物的本质属性，并能以个性反映共性，发挥以小见大的作用，具有较强的说服力。典型性同时要有针对性。实用文都具有较强的目的性和针对性，因而选材时应围绕写作意图和中心论点搜集能表达、丰富、突出论点和主体的材料。

二、乡村振兴活动参与者口头表达能力提升对策

语言表达能力不但是一个合格人才必要的基本素质，而且是素质教育的核心构成部分。提高驾驭语言能力的关键在于培养语言表达能力与应变能力，而要完成这一目标，要锻炼人的口才，即口头表达能力。口才，字面意思为在说话过程中展现出的个人才能。口才指的是在性格气质、思想品德、文化知识等方面个人智慧与人格的各种内在储备。口头表达涵盖的能力指的是展现与应用想象能力、观察能力、思维能力等各类内在储备的能力，这是内在储备的外化。人人都能说话，但称得上具有良好口才的却不在多数。要称得上有口才，说话必须规范，有真知灼见、格调高雅、有创造性，甚至还应具有技巧性和艺术性。

在具体工作中，乡村振兴活动参与者的口才十分重要。加强乡村振兴活动参与者口头表达能力训练，使乡村振兴活动参与者具备好口才，是做好乡村振兴工作的有力保障。

（一）做好能力提升计划

要拥有好口才，就要加强口头表达能力的训练，要提高口头表达能力，就必须制订相应的训练计划。进行任何训练都应该制订计划对训练进行总体安排，只有这样训练才会有针对性。口头表达的两大基本能力主要包括口语表达基础能力、现场表达能力的提高，此外，怯场心理问题应对也是非常重要的。

好的训练计划是保证训练高质量、高标准地完成的基础，乡村振兴活动参与者在制订口头表达训练计划时应遵循如下原则：首先，制订训练计划要"弹性"与"刚性"相结合。口才训练是一项长期性的工作，在总体计划的制订上，应该有"弹性"，而制订具体的赛前专项训练计划"刚性"很强。在计划的细节设计上，长期计划也应该有"刚性"，因为在普通人日常生活中，口才不可能成为表达的主体，在这种情况下，如果没有相对稳定的"刚性"训练要求来保障训练效果、训练目标，训练是很难正常进行的。同时，要适当保证训练计划"弹性"，因为如果这时的计划没有"弹性"，被训练者就很可能会对繁重的训练任务感到厌烦，从而产生焦虑心理。其次，制订训练计划要实事求是、有针对性。制订训练计划时，要充分考虑被训练者的基础水平和状况，认真分析被训练者的知识结构状况、辩论技巧水平、反应能力、表达能力、思维想象能力、个人品德表现、群体意识等情况，确定训练的起点，从难处着眼、易处着手。在起点和目标之间，按照循序渐进的原则，将训练划分为若干个阶段，并制订明确的阶段目标，这样才能保证训练的针对性。最后，要利用训练阶段小结反馈信息调整训练计划。在大多数情况下，训练计划不是被训练者自己制订的。因此，训练过程中，一方面要促使被训练者主动、自觉地按计划要求进行训练；另一方面要鼓励被训练者认真做好训练阶段小结，找出训练计划的不足和可以改进的部分。这样就可以及时发现问题，尽早弥补不足，适时地对训练计划进行调整。与训练相关的情况是不断变化的，最初的计划未必适合变化了的新情况。调整、修订计划是常有的事。一般而言，每完成一个阶段的计划，就应在总结的基础上对下一阶段的计划作出调整或修改，使之更切合实际。

一个完整的训练计划对训练的顺利实施来说是十分重要的。具有一定时间长度、一定难度要求并有一定规模的训练本身就是一项系统工程，受到内部、外部各种因素影响，要保证计划的顺利实施，就必须解决好相应的矛盾与问题。在具体的训练中,要处理好以下三个方面比较重要的关系:首先,要处理好口才训练与个人工作、学习的关系。口才训练虽然十分重要,但毕竟是一项素质训练。因此,每一个人都要处理好口才训练与个人工作、学习的关系。也就是说,长期的口才训练计划必须以不影响被训练者个人的工作、学习为前提。其次,要处理好"单项训练"与"综合训练"的关系。绝对的"单项训练"是不存在的,每一项训练都要求其他项目的配合。在训练中要努力把"单项训练"融入"综合训练"之中,这样才可以提高训练效果。最后,要处理好长期计划与短期计划的关系。为了提高口才,制订长期计划是必需的,在具体的实施过程中,就要把总目标分解为阶段目标,制订相应的阶段训练计划和具体某一时间段的具体计划。而对长期计划与短期计划有机结合的计划有效执行,就可以比较顺利地保证总的训练目标的实现。

(二)提高现场表达能力

现场口头表达能力的提高关系到乡村人才能力的提高。要想提高现场口头表达能力,就要练习口头表达技巧。而从口头表达的具体环境上看,要想提高口头表达能力,首先要提高的就是概括能力。

概括能力包括多种内容,有理论概括能力,也有形象概括能力。所谓理论概括能力,是指从个别对象的认识推及一类对象的抽象能力。在辩论中就是要从对方的具体论述中抽取它的主要观点、基本思路和论证的结构,然后有的放矢地驳斥。这是非常重要的能力。形象概括是将某一观点概括为一种生动鲜明的形象,使人一望便知、一听就懂。形象概括的作用有时比理论概括的作用更大,它的直观性使人一下子就明白了此种观点的内涵。

概括能力是可以训练培养的,主要的训练方法有如下几种。第一种,概括评价。首先读一篇文章。读一遍之后,马上用一句话概括此文章的主要观点,同时评价或驳斥这一观点。养成一种立即概括立即反应(包括分析和反驳)的习惯,这样对培养人才的应变能力是十分有利的。第二种,听别人念一篇文章,然后做简要的概括、评价或驳斥。听文概括要比读文概括更困难一些,读文更容易集中精力,而听文有时会"走神儿",漏掉文中最重要的东西。可是,听文比读文更有实用价值,因为口头表达的应用环境是听文而不是读文。这种训练在练习概括能力时，也有助于锻炼人的聚精会神的能力。第三种，在上述训练基础上，进行形象概括的训练。一般方法是要求对内容进行形象地概括，然后对这个形象概括予以评价或驳斥。这样就可以很好地锻炼被训练者设计形象、迅速反应和驾驭它们之间关系的能力。以上三种方式由浅入深、由易而难，因此在实际操作中应当循序渐进，才能迅速提高被训练者的概括能力。

口头表达技巧训练的目标就是使被训练者在讲话时读音准确，音节清晰，声音洪亮，叙述流畅，断句清楚，分段明晰，语音、语调有变化，基本做到抑扬顿挫，有感情变化，有感染力。常用的口头表达技巧训练方法有如下几种。首先，朗读。选择合适的说理性的文章进行朗读，可以几个人读同样的段落，相互比较；也可以读不同的段落，相互评析。其次，朗诵。选择合适的诗歌、散文，一人或多人分别朗诵，比较评析。再次，演讲。限时命题演讲或不命题演讲，可一人一题、又可多人一题；可即兴的，又可限时准备的。演讲训练可以和书面表达训练结合进行。最后，问答辩论。可以选择一些相对简单的"小题目"，采取一对一辩论的方式，然后进行评析。

第三节 乡村振兴人才创业能力提升策略

一、乡村振兴背景下人才创业应具备的素质

要想提高乡村的创造力与活力，就必须在乡村振兴队伍中引入乡村人才，因为人才是落实乡村振兴战略的核心，一批批人才返乡创业是乡村振兴的实际所需。

（一）坚定为乡村振兴贡献力量的理想和信念

浓烈的乡土情是坚定乡村人才为农村服务理想的源泉，是来自农村的乡村人普遍怀有的情感。目前在农村地区，乡村振兴为当地的发展带来了很多的机遇与政策，为展现乡村人才践行社会责任的信念，乡村人才应勇于紧抓机遇，为乡村振兴贡献一份力量。

（二）具备参与乡村振兴的知识与能力

乡村振兴是以新农村建设载体为基础的，目前参与农村建设的主力队伍也要更新原有的知识结构以适应农村环境变化的要求。乡村人才能够把他们在学校学到的知识与理论运用到农村建设中，把知识转变成能力且在实践中得到发展与锻炼。与此同时，大部分乡村人才因为具有城市生活或学习的经历，所以更清楚城乡生活间的差异和农村所独有的特色。

（三）具备参与乡村振兴的创业精神

作为一种十分重要的创业素质，创业精神指的是乡村人才是否可以开拓进取，打开乡村振兴的新局面。乡村人才应具有敢闯敢干的顽强意志，勇于在乡村土地上开拓新天地。乡村人才创业一定会困难重重，只有不屈的精神与顽强的意志才能支持乡村人才不断锐意进取。

（四）具备优秀的道德品质

作为创业人才的一种核心竞争力，优秀的道德品质是乡村人才是否可以为乡村振兴提供源源不断的动力、夯实创业成果的基础。广大乡村人才应带领营造良好的乡村社会氛围，充实乡土生活，引领乡村居民建设乡村文化，应主动实践与树立社会主义核心价值观，养成良好的道德品质。

（五）具备创业理想

理想作为人类特有的精神现象，是人们对社会发展趋势的一种超前反映和对未来世界的设计、向往和追求。人与动物的重要区别之一在于，动物没有理性更无理想，因而它们永远生活在现存的物质世界之中。人是理性动物，他们既生活在现实中，又企图超越现实；既生活在物质世界当中，同时又以理想的精神方式享受生活。自有人类以来，理想就是人们的一种生活方式，是构成人类精神生活的一个重要方面。如果做人而无理想，这就意味着人格的变质和人性的退化。

但是必须看到，理想并非古今一体、千人一面，而是形形色色、多种多样的。从理想的指向上分，有所谓社会理想、群体理想和个人理想；从理想同现实的距离分，有所谓长远理想、中期理想和近期理想；从理想形成的途径分，有个人或群体在生活中自发形成的理想，和通过理性思考及系统学习形成的自觉理想，理想又存在境界高下的区别。此外，假想、空想、幻想也是理想的不同表现形式，甚至宗教也充满虔诚的理想色彩，它们与科学的理想构成了两类不同的理想类型。

由此可见，人人虽有理想，但理想各有不同。以为理想只有一种或认为理想一定高尚伟大，这是对理想的狭隘理解。只要是生理健康、有理智的人，都有各自不同的理想信念，而且都以不同方式追求着自己的理想目标。

乡村创业教育工作和理想紧密不可分割，主要源于如下两个方面。第一方面，乡村创业教育工作不能脱离理想。虽然乡村创业教育工作目标的确立立足于现实，要求教育工作者通过分析现实中的种种可能作出规划和计划，表现为一个环环相扣的目标链。但是，乡村创业教育工作希望达到的最终目标之一，就是帮助乡村人才树立正确的理想，使其成为一个有理想、有责任感的创业者，并最终为乡村振兴战略的有效实施作出贡献。因此，支撑创业最终目标实现、工作计划顺利实现，起关键作用的因素之一就是乡村人才的理想和境界。

第二个方面，随着城市化进程加快，越来越多的年轻人选择到城市发展，导致乡村人才流失现象日益严重。乡村的发展离不开人才的支持，而乡村人才的流失也给乡村经济发展带来了困难。因此，乡村人才要具备创业理想，才能为乡村的振兴和发展贡献自己的力量。乡村人才需要有一颗爱乡爱土的心，将乡村视为其家乡，生长的地方。只有热爱乡村，才能有动力去为乡村的发展付出努力。爱乡爱土的心，能够激发乡村人才对乡村振兴的热情，让他们愿意留在乡村，为乡村的发展贡献自己的力量。此外，乡村人才还需要有创新精神。乡村的发展离不开创新，只有不断创新，才能不断提升乡村的竞争力。乡村人才要敢于尝试新的事物、敢于挑战传统观念，才能在乡村的发展中取得成功，不断推动乡村经济的发展，实现乡村振兴的目标。

正是由于乡村创业教育工作和理想有着上述不可分割的内在联系，乡村人才理想的培育必然成为乡村创业教育工作中第一重要的任务。在乡村创业教育工作中，理想培育对于乡村人才创业具有如下的激励功能。

通过理想培育，可以将乡村人才自发的创业理想上升为自觉、明晰和稳定的信念，产生持续激励乡村人才创业主动性的心理效应。创业教育者在创业教育工作中，应当把对乡村人才进行创业者理想教育作为首要工作，以便乡村人才使自发的理想变成自觉的理想，使空谈、幻想变成切合实际的、科学的创业理想，使一时的冲动变成稳定的信念，将种种心理故障转化为理智支配的执着追求。当然，这个工作相当艰巨，它是一个比一般激励手段更复杂的工作，需要的是耐心、持久和科学的方法。只要不懈努力、方法得当，就能帮助乡村人才树立正确的理想，挖掘乡村人才的主观创业能动性。只有被自觉理想所支配的乡村人才才能激励自己，使理想历久不衰、愈挫愈奋，不断激励他们推动乡村振兴战略的实施。

（六）具备创业意识

创业意识是社会意识的一种，一切创业活动无一不是在创业意识的指导下进行的。创业意识正确与否，直接影响着创业的效率并关系到乡村人才创业活动的成败。因此，研究创业意识是深入考察乡村创业活动的关键，也是对历史唯物主义社会意识论必要的补充。

创业意识可以划分为创业心理、创业观念、创业理论和创业决策四种相互联系又彼此区别的表现形态。创业实践中最初形成的创业意识是创业心理，它大致包括需要、动机、意向、情绪、情感、意志、信仰、习惯等形式。创业需要是由创业者的本能和职责引发的创业欲望，它同人的其他需要相类似，既具有强烈的内在冲动但又可能缺少明晰单一的目的指向。处在创业需要这一心理阶段时，创业者主要受在长期思考过程中形成的潜化意识的支配，本能地生发出多种创业欲望。事实上，这种心理活动不能用生物学来解释，它与人们由生理本能产生的生存需要和安全需要不同。大量的创业经验也证明，长期参与商业活动、积累有大量创业实践经验的创业者，创业行为在不知不觉中已成为他的潜化意识，成为一种职业的习惯或"本能"的需要。可以说只要处在创业者地位（有时甚至不处在创业者地位），就会自然而然地产生这种冲动。

创业需要的定向化是创业动机和创业意向。乡村人才在进行创业活动时，需要将创业行为作为一种自发的内在冲动，而不能是意向不明、不断转移的心理活动。如果没有外部环境起作用，那么创业者将永远停留在这种躁动不安的心理境地。但事实上这是不可能的，因为创业者不可能将自己封闭起来，而是必然受到外部环境各类信息的刺激干扰。一旦某一信息反复刺激创业者，使他将注意力逐渐集中用于解释这一信息的时候，就会出现人们常说的"问题"或心理学上所说的"情结"。问题是指现实和需要的差异，情结是指反映问题的矛盾心情。这时，为解决问题或解开情结，创业者原有的变动不定的需要心理会逐渐平静下来，交错出现的不明晰的目的指向也会逐渐转移到问题上，从而形成有明确指向的动机，或变成为解决某问题的意向。当然，作为创业心理的动机和意向也还具有不稳定性。尽管如此，动机和意向仍是创业意识形成过程中一个不可缺少的环节。没有它就没有创业的其他意识。动机和意向引导创业者看问题、选择解决何种问题。如果在动机和意向上出了偏差，比如他所期望的目的根本不可能实现，创业者就会走偏方向，创业实践也无从谈起。

创业者作为人，还有情感和情绪。情感是在人与人交往中形成的心理定势，它表现为对某些人的偏爱、信任、同情、感激以至于崇拜信仰。

在创业实践活动中，无论是创业者或雇员，绝不可能没有情感；任何一类创业活动，也不可能完全摈弃情感。诚然，创业者如果仅凭情感而不用理性来处理创业活动中的人和事，或者将私人情感带到公共事务中，对创业将是十分有害的。但是还应看到，情感对创业也有助益。在创业者之间，多一些情感就少一分摩擦，情感是创业团队的黏合剂，具有无可取代的凝聚力。在创业者和雇员之间，情感是沟通上下级之间的心理通道，是了解下情、激励雇员必不可少的武器。大量创业实践也证明，凡是情感丰富并善于控制情感的创业者，不仅能团结其他的创业人员，形成一个关系融洽、无话不谈的有战斗力的创业团队；还能在雇员中树立良好的形象、使他们乐于听从他的指挥。相反，一个缺乏情感的创业者必定是一个孤芳自赏的人，他既不可能赢得创业合作者的信任，更不会得到雇员的理解和支持。可见，情感是创业者不可或缺的心理，创业不在有无情感，而在如何培养情感和正确投入情感。

同情感相比较，情绪是另一类心理活动。情感是一种外显的心理倾向，是指人们在长期交往中形成的亲和力；情绪则是一种内隐的心理定势，是由内外环境刺激产生的某种心境或心绪，主要表现为喜、怒、哀、乐。在创业中，不论是创业者还是雇员常常受环境的刺激，很自然地引起情绪的变化。情绪不同于情感，它对创业弊大于利，特别是对于创业者，千万不能为情绪所左右，不宜带上浓重的情绪来进行创业。这是因为，情绪作为一种心理活动，是一种受环境左右的变动不定的无意识现象，它与理性不相容。尽管喜怒哀乐可能激起一时的激情，在创业中发挥出冷静时无法发挥的积极作用，但因它缺乏理智的支配而不可能持久并具有随意性，任其发展不加控制就会将创业者变成情绪的奴隶，使创业归于失败。可见，创业者不可"无情"，但这个情是指"情感"而非"情绪"，情绪型的人是不宜充当创业者的。作为一个创业者，应当尽量避免将个人情绪卷入创业工作，做到范仲淹说的"不以物喜、不以己悲"，学习林则徐的"制怒"。碰到困难不要消极气馁，取得成绩不可妄自尊大、目空一切。要做到这一层很不容易，它需要在创业实践中经历长期的修养磨炼，学会一整套现代心理自我调节方法。

属于创业心理的还有意志、信仰和习惯。所谓意志，是指向明确的行为目的的心理机制。所谓信仰，是对某人某事或某种最高存在的绝对信任和无条件服从。所谓习惯，最初是指人们思想行为的常规或定势，这里专指思维定势或习惯思维。

创业作为一种组织目的性活动，决定参与创业的人必然形成实现创业目的的创业意志。创业意志主要有三个特点：一是明确的目的性；二是判断是非的果敢性；三是迎战挫败的坚韧性。在创业实践中，创业意志的积极作用是非常明显的。这是因为，创业是一个步步逼近目标又常常遭受挫折的风险过程，为使创业能按预定目标继续下去而不致中断，创业者必须具有坚强的创业意志。如果意志薄弱，在挫折面前就可能观望退让，对事业丧失信心。只有具备坚强的意志，认准了的目标决不改变，才有希望达到胜利的彼岸。当然，因为意志是一种缺乏理性自觉的心理机制，所以单凭意志并不能保证目的正确。如果意志很坚定而拒绝理性的介入，那么即使当实践证明目的不对也会顽固地坚持下去。可见，意志在创业中虽很重要，但应使它理性化。创业者如果仅靠个人的坚强意志而不注意根据情况随时加以调整，那么顽强则变为顽固，果敢将流于武断。

当今时代，在乡村振兴战略的引领下，自主创业成为一种鲜明的时代元素，责任意识在乡村人才创业意识当中尤为重要，要求他们必须要有一定的担当。首先便是要对自己负责，以自己构建的发展蓝图为基础开展创业。其次，要对公司负责、对公司的员工负责。再就是需要对社会负责、对国家负责。在项目上，不能做与社会、国家利益冲突的事；在发展上，要对社会、国家的发展积极有利。和平与发展是当今世界的主题，创新作为维护世界和平，推动世界发展的利器，在各个国家都扮演着十分重要的角色，由于中国的创新意识还不够高，创新想法也不够多，乡村人才在创业时更应当自觉增强创新意识，在山寨盗版现象泛滥的当今中国，必须由国家培养的高精尖的人才去抑制侵权现象，增强企业整体的创新意识，推出有特色、有独立风格的服务与产品，以自己独特、深厚的创业意识推动乡村振兴战略的实施。

二、乡村人才创业能力培育路径

（一）应发挥高校在乡村人才创业能力培养中的主体作用

乡村人才创业的阻碍通常包括如下四点：一是创业教育开展不足，二是创业意识欠缺，三是职业能力薄弱，四是创业精神有待增强。另外，虽然乡村人才具有很强的实践能力，但是创业相关理论不足、呈碎片化、知识理论不足等知识结构方面的缺陷。因此，乡村人才只有在创业中才能持续累积并逐渐提升他们的抗风险能力和社会适应心理。为健全创业教育课程体系，高校需要深入优化现有的创业教育内容。

（二）应充分发挥政府、企业、高校的联合作用

高校应注重通过与社会、政府、企业等合作拓展乡村人才创业素质培养的方式，发挥"政产学研"合作在发展乡村人才创业能力与素养、为乡村振兴提供技术与人才方面支持的促进作用。作为不断为乡村人才创业提供有效方式，"政产学研"合作模式要想最大程度体现企业对创业实践经验积累和乡村人才创业素质提高，体现高校在创新人才培育领域的技术、区域和知识优势，体现政府在资金扶持、政策指导方面的优势，应把政府、高校和企业的力量凝聚到一起。为把所学的理论知识转变成实际的创业成果，应利用企业的渠道、高校的教育、政府的扶持来协助乡村人才明确创业方向。企业与学校在乡村人才创业中具有至关重要的作用，不但能为乡村振兴产业集群化发展与高校教育质量的提高夯实基础，而且能为乡村人才能力提高与聚焦创业提供帮助。只有明晰各主体的分工与职责，才能够使得"政产学研"合作模式稳步、有序地开展，包括企业以提供产业资源与实践平台扶持为核心，政府以提供政策与资金扶持为核心，高校以加大技术与人力资源扶持为核心。三者应紧密合作，一同投身于乡村人才创业素质培养工作成效的提升与开展上。

（三）应拓宽视野，探索多种创业领域

乡村振兴和乡村人才的参与方式表现在方方面面，因此，在创业方面乡村人才具有很多的选择，涵盖公共基础设施建设、生态振兴等各方面。生态振兴就是

第四章 乡村人才振兴的策略

一个典型的例子，乡村人才在乡村振兴战略的大环境下，在提高个人自身效益与价值的同时，从建设美丽乡村着手，致力协调好乡村经济发展与生态环境建设间的关系，探寻蕴含在农村生态建设过程中的经济价值。另外，目前乡村人才具有很多创业机会，得益于乡村旅游、家庭农场等的发展。在这一基础上，乡村人才在摸索创业的过程中，应秉持为乡村建设做贡献的理想，同时应与乡村振兴背景紧密结合来培养创业人才的素养。

第五章　乡村振兴视域下人才建设的实践探索

　　立足我国乡村现实需求与地方探索实践，以"平台"思维创新乡村振兴人才系统建设模式，依托人才选拔培养平台、干事创业平台、交流中介平台、引进回流平台建设，高效整合利用政府和社会各界的资源优势补齐乡村人才短板，继而发挥人才振兴"乘数效应"；并从政策维度、文化维度、社会价值维度优化乡村人才振兴环境建设，最终引导更多高质量人才扎根乡村，激励各类优秀人才在乡村振兴的广阔天地中"担当使命、大显身手"，打造乡村振兴新引擎。本章内容为乡村振兴视域下人才建设的实践探索，包括选拔培养平台的构建、干事创业平台的构建、交流中介平台的构建以及引进回流平台的构建。

第一节　选拔培养平台的构建

一、选拔培养平台构建目标与原则

（一）选拔培养平台构建目标

　　围绕乡村人才振兴的总体目标，建立乡村人才选拔培养平台，完善创新创业人才选拔培养机制、提升人才选拔培养服务水平、优化乡村创新创业环境。为农村创新创业人才选拔培养创造便利条件，提供信息服务、搭建管理平台。选拔、培养一批能够扎根乡村、服务农业、带动农民的乡村创新创业核心人才队伍，不断壮大创新创业人才队伍，发挥创新创业人才驱动优势效应。

（二）选拔培养平台构建原则

坚持德才兼备，以德为先的选人用人原则，立足不同村情、不同岗位的实际需求，有针对性地优化人才选拔及培育内容，注重用理论与实践相结合的方式，扶持培育"返乡、入乡、在乡"创新创业人才。选拔一批有资金积累、技术专长、市场信息、经营头脑和创业激情的返乡人员，支持发展特色种养殖业、加工流通业、乡村服务业等产业。引导一批退役军人、科技人员、大中专毕业生入乡创业，支持新技术应用、新产品开发和新市场开拓，提升乡村产业发展的层次和水平。挖掘"田秀才""土专家""乡创客"等各类本地人才，支持创办乡村车间、手工作坊，挖掘乡村非物质文化遗产资源，保护传统手工艺，带动乡村就业和农民增收。加强选拔人才的教育培训，加大财政扶持力度，支持开展乡村振兴职业技能培训；提升产教融合水平，壮大创业导师队伍，建立培训跟踪评价机制。

二、选拔培养平台构建形式与功能

（一）选拔培养平台构建形式

1. 建立乡村人才开发服务体系

建立县级乡村人才市场、乡镇人事劳动服务中心、村级人才服务部"三级联动"的乡村人才开发服务体系。各级职能部门分工负责、责任明确，实现硬件规范化、功能一体化、信息网格化、管理制度化的平台服务。

2. 建立乡村人才信息库

按照统一的乡村振兴人才分类标准，统一表格填报资料并统计建立信息管理系统，按照"一人一卡""一村一社一统计"的原则，进行乡村人才普查登记，建立乡村人才信息库，以便精准实施选才育才扶持政策。

3. 建立多渠道的联合培养基地

乡村人才培养基地建设旨在提升乡村人才能力建设，根据培养目标不同，可分为学历培训和专项短期培训。在学历培训方面，乡村人才培养基地可挂靠大中专院校，选拔培养乡村青年人才进行学历提升。围绕当地特色农业产业，组织专业技术人员下乡培训、现场培训和互动培训。

（二）选拔培养平台的功能

乡村人才选拔培养平台以多元主体分工搭配为前提，为解决乡村人才总体素养差、数量不多等阻碍乡村人才振兴的问题，应在乡村人才的挑选与培养过程中综合利用企业、政府、培训机构的优势，凝聚多种工作合力。为全面培育各种人才、优化结构、扩大总量、提高质量，应始终采取分类施策、全方位培养的方式，以整体促进乡村振兴所需为中心。

1. 形成乡村人才的专业化教育平台

建设面向乡村的教育平台，推行新型职业人才计划，专门培育新型职业农民。增设涉农学科专业，并给予优惠政策和适当农业补助，鼓励农民参加正规学历教育培训，扶持培养一批乡村职业经理人、乡村工匠、文化能人、非遗传承人等。

2. 满足乡村人才培养的质量提升

为提升培养乡村人才的质量，应开拓技术研发平台，增强乡村职业院校基础能力建设，开办特色工艺班，扶持职业院校增强涉农专业建设。提高乡村公共服务人才、农业生产经营人才等各类专业技术人才的培养速度。

3. 增强乡村人才的信息素养

鼓励企业发展国内产学研合作平台，与高校洽谈共同建立农业商学院、乡村振兴研究院等平台，聘任高校学者、专家带领进行现代管理、电子商务等经营管理实用培训。为提高农村发展动力，应举办各类培训提高农村实用人才的素质和能力。

三、选拔培养平台的运行机制

（一）建立乡村人才开发服务系统

1. 建立乡村人才开发的工作机构

作为一项长期工作，促进乡村人才振兴、选聘培育乡村人才，应建立并完善专门工作机构的方法，保障有序推进工作的强劲动力，以实现强化各部门工作目标、统筹有关部门资源、明晰各部门职责。比如，为使得各项工作能够开展、乡村人才更有效地得以选拔、激励措施更合理地制订，应在农业农村部成立乡村人力资源管理服务中心。为利用搭建的人才交流平台，营造辐射带动、共同提升的优秀人才氛围，此机构应带领建立各种人才协会。

树立正确的用人、选人标准。为实现各种乡村人才均有创业的机会，可以"有所为、敢作为"，应以促进杰出人才充分发挥才能、脱颖而出为目标，以择优、公平、竞争为准则，增加选人用人路径，构建市县两级杰出乡村人才选聘表彰制度，建设杰出乡村人才库。

构建完善人才选聘培育的长效机制。分解落实任务目标，建立乡村人才中长期发展规划，确保乡村人才工作规范、长期稳定发展，配套出台各种人才管理培养规章制度。

2. 创新开拓乡村教育办学模式

为最大程度展现农业技术人员的技术优势，乡村应在九年制义务教育的基础上主动开展实用技术、职业技能等各类内容的培训。比如，为支持乡村年轻劳动力掌握管理、生产与经营方面的实用技术，应通过座谈、夜校等相对灵活的培训形式，开展长期、短期、中期培训。

以乡镇中学建立成人、基础、职业教育相融合的"产教联合体"为基础，主动探寻"产教融合"的办学形式。为实现农闲、农忙授课不间断，应建立乡村实用的农民文化技术学校和技术培训基地，实现弹性办学。最大程度展现职业院校培育乡村专业人才的意义，同时根据各领域的人才落实"订单式"培训和个性化教学的方式，比如，在电子商务、投资融资等领域对创业人才进行培训；在农产品加工流通、开展种植养殖等方面对专业合作社领头人、种粮大户进行培训。

为使得各职业技校与农业院校结合各类定向培养政策，以多形式、多层次的培训与教育形式主动开展"双证制"教育，应将乡村人才培育定为考评的目标任务。以各地具体情况为依据，变革教学方法与内容，调整专业设置，重视锻炼人才的实践操作与学习能力。最大程度运用网络信息技术拓展农民教育路径。乡村远程教育是一种农村获取农业技术的新途径，指的是用现代高科技网络技术把农业技术大量、及时地传递到乡村。为让农民足不出户就能够参加农业技术培训学到一门技术，促进乡村振兴，农业农村部门应以远程教育网络为基础，主动组织学者与农业技术专家开办网上课堂，最大程度应用各种网络新媒体传播形式。

3.构建乡村人才选拔培养跟踪服务

重视乡村人才选拔培养的后期跟踪反馈，及时发现选拔培养中可能存在的问题，以便采取措施及时调整选拔程序和培养方法。通过对选拔培养人才后期去向的跟踪和分析，掌握乡村人才成长变化的规律，及时发现乡村人才的能力短板，以及不同地区乡村人才的需求特点，以便及时调整培养方法和培养内容，形成乡村人才可持续开发的服务体系。

（二）建立乡村人才智慧信息库

高效率智能化的乡村人才选拔培养的核心在于构建一个乡村人才智慧信息库。通过大数据、人工智能等现代化技术手段，提高人才选拔培养效率、及时掌握人才动态、整合人才资源，形成集统筹选拔培养、科学管理与综合服务为一体的乡村人才智慧信息库。信息库的建立应主要围绕乡村人才选拔培养的信息化、服务化和智能化建设进行。

1.信息化建设

乡村人才智慧信息库数据收集过程中，鼓励县、乡镇、村实施由"村推荐、镇评定"的县级人才信息入库办法，确保定期选拔农村实用人才，精准充盈乡村人才智慧信息库。对各类、各级人才进行全方位、多角度、近距离了解，充分掌握人才的优势与特长，构建全面的智能人才形象。按照知识图谱绘制的人才库标签分类建档，注重将种养大户、专业合作社负责人、乡村能工巧匠、致富带头人、退役军人、回乡创业大学生、创业青年等都列入乡村智慧人才信息库的选才范围。

2.服务化建设

形成便捷、规范、协同、高效的乡村人才选拔培养服务模式，全面服务乡村人才申报、评审及人才统计分析。开通乡村人才线上线下申报服务，拓宽人才选拔渠道；依据相关政策规定，制订完善资格审查、评审论证、社会公示等乡村人才选拔培养程序；进行乡村人才数据统计分析，动态展示各类乡村人才的数量分布、变化趋势、人才成果等不同维度的情况，以便各地区全面掌握人才选拔培养的历史、现状及变化，提高各地区乡村人才的宏观管理和专业化、精细化管理能力。

3. 智能化建设

充分梳理完善现有的乡村人才信息、乡村发展人才需求信息、技能信息，绘制乡村人才知识图谱，打造知识图谱嵌入乡村人才智慧信息库。通过充分共享信息库资料，高效快速地分析出不同地区在产业发展、乡村治理、经营管理等方面的人才需求与人才匹配情况，实时掌握现有乡村人才的缺口和乡村人才变动情况。通过对知识图谱的补全、聚类和完善，帮助当地快速筛选人才，实现高效率、智能化的选人用人决策。

（三）建立动态调整和定期考核机制

健全和完善科学的人才选拔培养考核机制，坚持注重实绩、群众公认的原则，在考核评价中注重结果评价与过程评价。一方面通过科学的选人措施，拓宽选人视野，选拔有能力、有公信力的乡村人才进行培育；另一方面建立动态调整和定期考核机制，对乡村人才实际投身乡村振兴的履职情况进行评定，根据评定结果决定是否调整撤换，以此造就一批素质过硬、作风优良、值得信任的乡村基层管理队伍、生产经营管理人才队伍等，切实提升乡村人才的引领作用。

第二节　干事创业平台的构建

一、干事创业平台构建目标与原则

（一）干事创业平台构建目标

在乡村人才干事创业过程中，为建成有助于各种人才服务乡村的长效机制，应为乡村人才提供制度供给、资金投入等方面的有限保障。为提升乡村人才干事创业的稳定性与积极性，应优化创新评价考核管理、干事创业支持、强化激励保障服务机制。最大程度凸显乡村人才示范效应，注重平台载体建立与人才主体并重，推进乡村振兴各种人才支持服务乡村格局建设速度，共建政策的叠加聚合效应。

（二）干事创业平台构建原则

拓宽基层岗位开发渠道，打造充足的职业成长空间，完善激励保障措施，坚持物质鼓励和精神鼓励相结合的激励机制，充分保障乡村人才在生活、工作等方面的权益。为让基地发展为提升、吸引、培育、推广人才的主场，为乡村人才振兴提供基础，应在围绕基地完善乡村人才服务保障体系，资金项目政策重心朝人才基地转移的同时，以产业特色为基础，建设人才培训基地，展现科技项目与产业项目的集聚效应。为提升乡村振兴中的人才扶持力度，应遵循"建基地、聚人才、强产业、促发展"的原则，采用"人才+产业""人才+项目"等人才工作项目化的形式。

二、干事创业平台构建形式与功能

（一）干事创业平台构建形式

进一步加强乡村干事创业政策的创新与设计，拓宽各方面政策的普惠与覆盖范围，包括营商环境、金融信贷、技术服务、保险担保等方面；为保障人才引进后续措施的落实、落地、落细，应完善各方面的人才扶持政策，包括政治待遇、用地住房、后勤保障等方面；应通过提升乡村生活便利水平，协调促进乡村建设活动开展，促进乡村发展条件的提升，完善乡村基本公共服务供给和扶持乡村产业发展的政策体系；为打造人才促发展、发展聚人才的政策体系，应聚集乡村人才发展所需的资源要素。为从本质上提升乡村人才供给效能，形成乡村吸纳人才的相对优势，应使得乡村在独特资源、政策机制、成长路径、发展机会等方面的"红利"不断积累。

（二）干事创业平台的功能

1. 发挥"筑巢引凤"功能

为实现为外来人才提供舞台的目标，应通过创办各种合作经济组织或农产品加工企业、扶持当地乡村人才领办，主动招商引资，增加农业产业化发展的投入，拓展农业产业链。

2. 实现"绿色通道"人才流动功能

完善政策，精简流程，增加引入外来人才到本地发展、创业的路径，创新外来人才聘用、选拔机制，为外来人才流入提供便利条件。为让越来越多的社会不同行业的人才、高校毕业生投身乡村，应在乡村建设中引入新的思想、观念和文化，为乡村经济发展提供智力基础，应融合人社部、组织等职能部门人才培养计划，充分利用相关部门的政策扶持。

3. 获取优惠政策功能

应安排好外来创业创新人才的科研项目经费，处理好他们在生活和工作中遇到的困难，提升他们在政治生活方面的待遇，统筹好各方面的关系，同时在配偶、子女就业等方面制订优惠政策，让他们没有顾虑，以鼓励他们为当地乡村发展与经济发展持续作贡献，促进外来人才在本地扎根，以解决他们素质高却流动性大的问题，实现"引得进、用得好、留得住"乡村创新创业人才的目标。

三、干事创业平台的运行机制

（一）改进干事创业支持机制

1. 财政支持机制

统筹利用现有乡村振兴扶持政策，分类给予财政支持。针对乡村创新创业带头人，在创业初期或正常经营1年以上的，给予一次性创业补贴；对于返乡创业乡村人才，也可灵活变动财政支持形式，采取创业补贴、创业项目带动就业奖励、创业项目成果奖励等支持形式。

2. 帮扶支持机制

为健全乡村人才培养体系，应创新创建以乡镇为单位的人才包联制度，如安排一名乡镇村干部包联一名农村实用人才和一个农村产业项目，由此协助乡村创业人才处理日常生产经营中面临的问题。

3. 用地支持机制

优先考虑安排乡村返乡入乡人才发展乡村新业态、新产业的建设用地指标，为提升农村集体建设用地的使用效率，应支持乡村创业创新带头人利用合作、联合入股等方式，以法律为基础利用农村集体土地来发展乡村旅游、农业产业等新业态新产业，助力乡村人才干事创业。

4.人才后续支持机制

配合省、市一级政府促进践行高层次人才支持与认定的办法，对满足条件的乡村创业创新领头者根据规定予以相应扶持，并按有关规定实施人才优惠政策。根据有关规定，为所需人才与乡村创业创新领头人及时办理社保关系转移手续。

（二）优化激励保障服务机制

1.优化激励机制

通过强化有效的激励体系激发乡村人才干事创业的主动性和积极性，应首先以完善政治激励机制为基础，在政治上，要给予乡村人才充分的信任，并为其提供广阔的发展空间。针对能力较强、觉悟较高、有发展意愿和发展需求的乡村人才，应给予更多选用任用机会。对符合条件的，可鼓励吸收进入党组织；对优秀的乡村党政人才，可给予提拔任用或晋升的通道；对优秀的乡村管理人才，可以考虑适当安排事业编制；对优秀的农业生产经营人才、农村二三产业发展人才、乡村公共服务人才、乡村治理人才和农业农村科技人才，可以优先考察、吸纳到村级管理干部队伍中，激励其充分发挥在乡村振兴中的带头作用。另外，为鼓励乡村人才深入提高自我能力与素养，应增加对乡村中有突出贡献的乡村人才的表彰奖励力度，健全荣誉激励机制，固定时间举办各种乡村人才竞优活动，同时为了增加乡村人才的自豪感，应加大宣传力度，提高制订县一级优秀人才奖励办法的效率。

2.优化保障机制

良好的乡村人才薪酬待遇和工作环境对激发干事创业激情，留住乡村人才有着积极的作用。政府应高度重视乡村人才待遇与工作环境的改进，提高乡村人才薪酬待遇，缩小城乡人才待遇差距；加大扶持政策倾斜力度，建立针对乡村人才干事创业的优惠政策和项目扶持的鼓励机制，保护乡村人才创新创业的积极性。对于参加"三支一扶"的大学生群体，政府部门应积极完善和实施各项优惠政策，减少大学生返乡或下乡创业就业的现实障碍，增加大学生投入乡村建设的热情。

此外，加快制订出台住房、交通、晋升、培训等方面的保障措施，增强乡村人才干事创业的动力。

3. 优化其他服务机制

农业不仅是基础产业，更兼具弱势产业和公益事业的特征。乡村干事创业平台的运行除了需要各类激励政策和保障措施，还需要农业科技研发保障和金融服务保障。因为农业科技具有见效慢、投入时间长的特征，所以投入意识的提高对其建设具有至关重要的意义。在精神和物质的待遇方面，应适当向农业科技从业人员倾斜，应转变农业生产领域科技贡献率偏低的发展趋势，增加农业科技投入总量，展现科学技术在现代绿色农业与智慧农业中的核心作用。为避免科研人员与专家下乡服务乡村没有实效的情况，应组建农业科研人员创业基金与管理机构。为让参与者专注于创业创新，应提供农业科研人员创业基金与专项专家服务基金，组建由专业科技人员构成的科研平台，打造专家服务基地，以更大的热情和专注投入乡村振兴建设。另外，还应优化乡村信用金融环境，降低金融风险；发展绿色金融、生态金融，推动乡村人才在乡村建设中实现绿色发展。

（三）创新评价考核管理机制

1. 建立竞争评价机制

竞争机制是激发乡村人才干事创业热情的有效机制。在这方面，有关部门首先要创造多样化的竞争形式，为各类干事创业人才提供平等的竞争机会、公平公开的竞争程序，并以此获取政策和资金的持续性支持。例如，举办乡村创新创业项目大赛之类的活动，辅导孵化优秀创新项目和创业主体，对创新创业活跃、联农带农效果较好的乡村引进人才给予奖励和表彰；充分利用报刊、网络等媒体资源，加大力度宣传乡村振兴引进人才典型事迹，形成良好的竞争氛围。

2. 引入第三方人才评价主体

在统一的人才评价标准和体系下，各地区应创新乡村人才干事创业评价体系，改变以往政府作为单一评价主体的做法，根据乡村人才在乡村创新创业过程中的具体实绩，鼓励乡村行业协会、乡村组织、乡村社团等第三方人才评价主体加入其中，形成乡村振兴主体自我评价、社会评价、专业评价相结合的综合评价方法。

避免"外行评价内行"以及考核评价流于形式的问题，充分激发业务技能强、品德素质好、发展贡献大的乡村人才干事创业的热情，让他们能够发挥各自特长，带动乡村发展。

第三节 交流中介平台的构建

一、交流中介平台构建目标与原则

（一）交流中介平台构建目标

建设乡村人才交流中介平台是培养、引进和使用人才的基础。乡村振兴需要各种各样的专业人才，但由于信息不畅、供需双方信息不对称等因素，地方政府无法准确掌握当地人才的数量及质量。乡村的人才资源配置效率低下、人才供需矛盾较为突出，乡村人才的作用难以充分发挥。在互联网时代，数字经济成为拉动经济增长的重要引擎，数据作为一种重要的资源被广泛应用于"三农"工作，从大量的数据中获取有效信息并加以整理对作出科学决策具有重要意义。因此，借助现代信息技术，充分利用大数据资源，建设乡村人才交流中介平台，不仅可以准确掌握当地人才现状，对乡村人才进行精准管理和精准使用，培养和引进紧缺专业人才，而且可以解决乡村人才供需矛盾，提高乡村振兴人才资源配置效率，为乡村人才振兴提供精准可靠的数据支持。

（二）交流中介平台构建原则

乡村人才信息平台以数据为基础，以现代信息技术为支撑，以乡村人才交互为主要目的。依据《关于加快推进乡村人才振兴的意见》，各级政府应充分发挥人才管理的职能优势，全面了解乡村人才的规模数量和层次质量，为乡村人才划分类型，建立乡村动态人才服务信息数据库，实时掌握人才的结构、流动趋势等特征。有关部门应利用现代信息技术的优势，构建人才信息网络，汇总各个地区的人才资源，以人才库的形式建立各类乡村人才信息档案，将乡村人才纳入科学规范的人才管理范畴。借助大数据平台分析人才供需情况。通过系统计算分析并及时推送人才供需方面的相关信息，运用现代数理技术对乡村人才数据进行多层面分析。将人才信息数据库和人才需求数据库进行实时对接，实现智能化服务与高效化管理。实现人才信息对称，促进乡村振兴人才合理流动，提高人才资源的配置效率。

二、交流中介平台构建形式与功能

（一）交流中介平台构建形式

有关部门应围绕乡村振兴人才需求，依托各级单位公布交流机制和人才流动机制，建立城乡之间、不同区域之间的多层次人才交流平台，满足不同乡村地区的人才需求。

1. 城乡人才交流中介

要想为城乡间的人才培养交流与合作提供更多的平台，乡村劳动人口具有更多的就业路径，应提高农业现代化建设的速度，主动推进城乡协调发展，实现农业结构的完善与提升；要想实现城乡间人才交流与合作，应建立乡村企业发展园区，扶持发展乡镇企业，展现领头企业的聚合效应，提升企业发展规模与企业影响力；展现新乡贤的城乡连接功能，为新乡贤回乡投资建设提供专业化的服务与平台，推进城乡人才的交流与培养，均是新乡贤在新时代起到主推功能的体现。

2. 区域人才交流中介

人才在互动中更能体现价值的增值，通过各级政府整合协调区域间乡村人才资源，能够更有效地促进区域间人才流动和协调不同地区乡村人才供需平衡。应借助中央加强东西部协作安排，从就业岗位提供、职业教育协作、技能培训等方面提高东西部劳务协作，加强对西部地区的人才支援，促进东部地区优秀人才要素与西部地区的交流；并根据2020年5月中共中央、国务院发布的《关于新时代推进西部大开发新格局的指导意见》，建立东中西部开放平台对接机制，共建人才培养等服务平台；鼓励支持部委属高校与地方高校"订单式"培养西部地区专业化人才，有关人才引进平台建设向西方地区倾斜。为构建完善有助于激励、吸引和留住人才的机制体制，应重视挑选满足西部地区要求的专业化人才，促进区域间乡村人才培养的合作与交流。

（二）交流中介平台的功能

乡村人才振兴建立在各级各类乡村人才融合发展的基础之上，建立促进人才交流的中介平台与机制，有利于进一步释放各地乡村人才在引进、培养、评价和服务等方面的政策红利，鼓励在乡人才、支持农民工返乡创业、引导城市人才下乡服务，助力乡村人才实现聚变效应，同时解决好乡村振兴中乡村本地人才不愿回、乡村外部人才不愿来的市场失灵问题。

三、交流中介平台的运行机制

（一）强化协调管理，精准匹配引才用才

1. 加强顶层设计，进行科学谋划

坚持党对乡村人才工作的全面领导，完善引才政策，通过政府搭建平台，协调企业、高校合作进行乡村人才培养，围绕乡村产业链布局人才流动链，以平台为载体推动创新创业人才流动与乡村振兴人才需求对接，并形成乡村人才资源的互补体系，建立健全乡村人才交流的体制机制。

2. 坚持政策引领，共享高质量人才资源

有关部门要加强不同地区间的人才工作交流，推进资源共享；增设专家工作站、博士后创新实践基地；开展"招商引资"活动联合"招才引智"，促进"引才链"与产业链的深度融合；发挥重大人才工程的聚才引智引领作用，把握好国家级、省级重大人才工程的申报良机，"刚柔并济"引入一批乡村创新创业领军人才。

3. 推进对接服务，谋划人才供需

加大乡村人才服务力度，健全包括子女入学、看病就医等各种乡村人才配套服务政策。为吸引海内外高素质人才投身于乡村振兴，应专门建立有关乡村人才互动的项目。

（二）采集动态数据，实施人才联动管理

整合各地现有诸如"智慧乡村人才超市""乡土人才信息库"等形式多样的

乡村人才数据库，打造国家级、省级乡村人才信息资源共享平台，实行多级人才联动管理。各地以村为单位采集各类乡村人才数据，采集对象覆盖特色种植、养殖、生产经营、农副产品加工、电子商务、个体经商、农民专业合作社、家庭农场等领域的人才，以及在外优秀务工人才和各类专业技术人才，逐一进行系统登记建册，完善人才信息库，全面提升乡村建设管理"人才链"。定期分析乡村人才供求总量、结构及分布，对社会发布乡村急需紧缺人才需求目录，确保有效助推乡村振兴战略。

第四节 引进回流平台的构建

一、引进回流平台构建目标与原则

（一）引进回流平台构建目标

为在促进人才培养与内生发展中利用人才引进回流效应，应通过"内部激活"和"内部引进"相融合推进人才引进回流，体现乡村外来人才对当地人才的带动与凝聚效应。应以乡村振兴人才需求的实际调查为前提，将乡村振兴帮扶项目作为当地人才发展的载体促进发展，同时探寻践行"一村一团队、一团队一项目""专项＋专家"等乡村人才服务模式，找准外部人才合作促进当地发展的入手点；为实现新业态新产业和新型经济主体一同发展，应通过试点的方式招纳"乡村振兴合伙人"，采用包括专业服务、资金合作等方式与目标村庄进行结对合作。

（二）引进回流平台构建原则

乡村人才引进回流平台建设要因村制宜、因人而异。人才引进回流应该创新引进人才方式并进行多角度支撑。针对乡村发展实际，可以为亟需的各类人才设立"特岗"，通过补贴形式，以较有吸引力的工资水平，鼓励和引导农科教等紧缺人才向乡村转移；改善创业环境，制定人才、财税等优惠政策，为人才搭建干事创业的平台，吸引各类人才返乡创业，激活乡村的创新活力；为建立城乡人才流动机制，可以选拔一批青年干部、科技人才、教育医疗人才到乡村交流服务，为乡村带去先进的知识和理念。

二、引进回流平台构建形式与功能

（一）引进回流平台构建形式

1. 政策引导型模式

（1）高校人才就业政策引导模式

通过针对"选调生""特岗教师""三支一扶""大学生志愿服务西部计划"等按规定给予相关的高校人才学费补偿和国家助学贷款代偿办法的政策，引导高校毕业生在一定服务期内，到中西部地区和艰苦边远地区基层单位就业、服务；同时结合政府购买服务工作的推进，在基层特别是街道（乡镇）、社区（村）购买一批公共管理和社会服务岗位，优先用于吸纳高校毕业生返乡就业。

（2）党政退岗退休人员政策引导模式

近年来，我国逐渐进入老龄化社会，退休人员规模逐渐扩大，为发挥闲置的"银发资源"余热，各地不断探索出党政退岗退休人员参与乡村振兴工作的思路。例如，以"乡村振兴指导团"为起点，引导离退休党员干部"退岗不褪色"，为乡村振兴助力赋能，参与基层一线乡村工作。

（3）政府派驻乡村人才政策引导模式

政府派驻干部到乡村的实践已有近 40 年的历史，原派驻乡村工作队主要任务为开展乡村扶贫工作，我国脱贫攻坚战取得全面胜利后，为响应习近平总书记关于促进各路人才"上山下乡"投身乡村振兴的伟大号召，贯彻落实"五个振兴"要求，当前我国大约有 1/3 的省或直辖市，利用"干部驻村"的方式来解决社会改革发展过程中乡村治理人才的不足。派驻工作队的进入带来了先进发展理念、引入了资金和技术，带来了乡村发展的新模式，同时也形成了乡村治理的新格局。

2. 新乡贤回流模式

改革开放以来，新乡贤在推动乡村经济发展、推进基础设施建设、提升基层治理水平、弘扬乡村文明新风等方面均发挥了重要作用。要加大力度培育新乡贤文化，鼓励社会各界投身乡村建设，建立有效激励机制，以乡情乡愁为纽带，吸引企业家、党政干部、专家学者、医生教师、规划师、建筑师、律师、技能人才。通过下乡担任志愿者、投资兴业、包村包项目、行医办学、捐资捐物、法律服务等多种多样的方式，回流服务乡村振兴事业。

（二）引进回流平台的功能

当前乡村人口大量外流，乡村振兴中人才支撑面临巨大挑战。吸引人才回归成为"三农"政策的要务之一。乡村人才引进回流，本质在于使乡村人才在不同地区之间逆时针转移。李秀英认为："合理引导掌握技术的农民工、原籍农村的高校毕业生以及非农社会人才回流农业，能够有效保障农业产业化健康发展。"[1] 根据社会的价值规律和市场经济的调节，人才的状态、岗位、工作方式等都有可能发生转变。刘志秀认为："三农，人才队伍主要由内生型人才和引入型人才构成：内生型人才是由于地缘或血缘等关系长期留在乡村发展的人才；引入型人才则是从乡村之外引进的新人，其中有外来人员但也不乏部分走出乡村后又重新返乡的人才。其中，引入型人才的引进大都受到行政干预或利益引导。"[2] 人才回流平台功能不仅是乡村人才数量上的引进回流，更重要的是乡村振兴人才智力的引进回流。建立完善人才回流平台能为乡村带来社会经济发展的力量，促进乡村将自己独特的资源优势与回流人才相结合，推进乡村的全面发展，由此也将吸引更多智力回流，为乡村振兴战略提供充足的人才资源，从而实现以人才振兴乡村的目标。构建人才引进回流平台，切实落实乡村人才引进回流的政策、制度，加快促进人才引进回流的步伐，才能筑牢乡村振兴的人才基石。

三、引进回流平台的运行机制

（一）打牢乡村人才引进回流产业基础

1. 创造产业扶持基础条件

通过加快各地的乡村农地整治和实行土地经营权入股，为乡村产业发展创造

---

[1] 李秀英. 乡村振兴战略下农村产业结构优化策略研究——评《乡村振兴战略下村镇空间优化与农村产业发展研究》[J]. 棉花学报，2022，（5）.
[2] 金丽馥，石宏伟. 我国三农热点问题研究[M]. 镇江：江苏大学出版社，2020.

基础条件。农地整治中要以尊重农民意愿为前提条件，推进耕地集中连片，解决农地碎片化和分散化的问题，扩大高标准农田建设规模。土地经营权入股以试点为先导并逐步扩大范围，促进土地承包经营权流转和适度规模经营，解决现阶段耕地流转租金和交易成本过高的困境，从而降低引进回流人才返乡的创业成本和就业成本，提高回流人才的创业就业收益，为返乡人才从事和发展现代农业创造基础条件。

2.发展乡村特色产业

乡村产业可持续发展能够为引进回流人才提供更多的就业机会和更广阔的发展空间。乡村产业可持续发展应围绕当地优势特色产业来发展壮大，并以此推动建设全产业链发展模式。第一，通过打造一批农产品区域公用品牌、绿色农业地标品牌等，吸引大批乡村人才返乡创业就业；第二，围绕发展优势特色产业的人才需求，精准制订引凤还巢、乡贤帮村等多元化政策，吸引在外的种养能手、土专家、懂技术、有销售经验的乡村人才回流乡村发展；第三，建立集龙头企业、关联企业、合作社、生产基地、家庭农场和农户为一体的全产业链利益共同体，形成引进回流人才抱团创业就业的利益链条，以乡村全产业链发展愿景吸引更多的在外人才回流乡村；第四，围绕乡村特色产业拓展乡村新业态，开发文创、康养、休闲旅游等新模式新业态，打造农业产业综合体，形成乡村发展人才引进回流的可持续发展平台。

（二）强化乡村人才引进回流治理机制

1.提升乡村基层人才治理能力

坚持党管人才原则，推进乡村人才管理制度运行，确保回流人才能够高效发挥作用。长期以来，由于乡村人才结构错位现象较为普遍，管理、技术方面的专业人才严重缺乏，需要建立完善的人才市场运行机制，应以乡村党组织为中心，对乡村的人才回流工作和人才队伍建设工作进行宏观调控。针对本地人才稀缺的情况，可以向上级部门求助，疏通渠道，使亟需的专业人才、党政人才流动到乡村基层事业单位进行任职，增强基层"造血"功能。将引进回流人才配置到薄弱之处，发动人才资源配置的积极性，持续推进人才振兴发展。

建立共治共享的乡村治理理念，使引进回流乡村人才享受与原住村民同等的权利，鼓励引进回流人才发挥主观能动性、出谋划策，积极参与乡村建设与发展；支持引进回流优秀人才参与村委会选举，为基层乡村自治组织注入新生力量。增强在外乡村本土人才对家乡的认同感、归属感，激发他们回报桑梓的热情。

2. 提升村民社会治理参与水平

创新人才内部的管理制度，借鉴能人治村的经验，加大对集体经济薄弱村、脱贫村，以及乡村振兴重点村人才引进回流的治理力度，健全乡村能人选拔任用的常态化机制，配强乡村基层组织"领头雁"，提升乡村组织化程度。通过"万企兴万村"等活动，推动落实"产业村长""企业家村长"的引入机制，以经济能人的示范带动作用吸引人才返乡；建设县域乡村能人小组，实施乡村能人培育工程，围绕乡村"领头雁"队伍建设，重点培育基层党支部书记和村级领导班子，优化提升乡村能人的整体素质和治理能力；建立乡村能人"能上能下、能进能出"的激励相容机制，提高乡村能人待遇，增加晋升提拔机会；规范能人治村举措，赋予乡村能人干事创业的容错纠错空间，"不拘一格用人才"，不以一时、一次得失论成败，激发乡村能人引领乡村产业振兴以及带动农民致富的创新活力。

（三）激发乡村人才引进回流内生动力

1. 构建乡村产业链与人才链的深度融合机制

乡村产业发展是吸引人才回流的基础，但目前大部分乡村产业结构过于单一，由此造成了乡村人才引进回流的困境。因此，政府应因地制宜地推进例如"一乡一特、一县一业"之类的产业发展行动，以培育乡村特色产业为着力点，通过产业链来吸附人才链。通过"企业＋基地＋农户""企业＋合作社＋基地＋家庭农场""企业＋合作社＋基地＋电商""企业＋创业园"等多种形式，促使引进回流人才就业创业，同时提升乡村产业链增值收益。目前，中国农业已进入高质量发展阶段，加快发展互联网＋、大数据、云计算等新一代信息技术可为农业提供新场景、新需求和新动能；创新发展"农工、农贸、农文、农教、农医、农旅"等融合发展新模式，拓展"共享农业、云上农业、会展农业、体验农业、网红农业、认养农业"等农业新业态，可以为农村一、二、三产业融合发展提供良好基础，也为人才返乡创业就业带来更多的发展契机。

2. 引导乡村人才自我价值观念转变

长期以来，由于多重原因，乡村人才对如何实现自我价值存在一定的认知偏差，加之受城市文化的影响，乡村人才自发回流参与家乡建设发展的自豪感和责任感较弱，乡村人才流失较为严重。地方政府应积极宣传乡土文化，激发故乡情怀，以"乡情"为切入点，在县、乡、村三级设立联络员机制，经常与外流人才保持联络并给予问候和关心，增强其对家乡的认同感和归属感；另一方面，协助解决好优秀人才回乡发展时面临的土地、财产、社会保障等问题。此外，还要充分发挥新媒体宣传优势，例如制订并鼓励乡村人才参加"新农人"计划，评选返乡创业榜样案例并通过政府渠道积极进行宣传，增强回乡人员的荣誉感和心理满足感，让更多的人了解新时代乡村的变化和未来巨大的发展空间，从而吸引更多的在外优秀人才回乡。

（四）完善乡村人才引进回流保障机制

1. 完善乡村生产生活基础设施

乡村人才引进回流要建立在能够保障返乡人才生产生活便利条件的基础上，因此，在推动乡村产业发展的同时，更应注重加强乡村建设，加大公共资源分配向乡村倾斜的力度，加快补齐乡村基础设施短板。通过改善教育、就业、医疗、交通、人居环境等条件，不断优化乡村人才引进回流的基础环境，全面落实城乡统一发展中乡村的基础设施建设保障机制。加大财政投入力度，并积极引导企业、集体经济组织、社会资本和个人参与乡村基础设施运营管护，持续改善乡村基础设施条件。"有力、有序、有效"地推进乡村人居环境整治，保护乡村生态环境，建设"望得见山水，留得住乡愁"的美好乡村，从而吸引更多外地乡村人才和本地在外人才回流到乡村。

2. 提升乡村公共服务水平

提升乡村公共服务水平，缩小城乡之间教育、医疗等方面的差距，解决返乡创业人群的后顾之忧，增强乡村吸引力，让引进回流人才愿意留在乡村发展创业。特别是教育卫生方面，要解决好教育资源和医疗卫生资源的不平衡不平均问题，制订安排教育、卫生、农技工作者等服务乡镇基层的政策，建立任职晋升基层服务经历者优先导向，鼓励广大优秀教职工、卫技工作人员下基层锻炼，从各行各业缩小城乡政策体制的差距，加大对乡村的政策倾斜力度，改变城市就业创业与发展比乡村好的思想意识和择业观念，促进全面和谐平衡发展。建设"三农"服务区域中心，构建县、乡、村三级教育及医疗卫生与文化服务共同体，推进城乡基本公共服务一体化，使乡村人才也能共享城市优质、便捷的公共服务。以便为引进回流乡村人才提供与子女教育、配偶就业、医疗卫生等息息相关的生活便利，为引进回流人才解决后顾之忧，让他们能专注于乡村振兴工作，一展所长，实现自我价值。

3. 建立回流人才的政策保障机制

在推动乡村人才回流的过程中，应结合乡村农业现代化建设，统筹乡村各项优惠政策，用好用活目前已有的产业园区、产业项目、乡村振兴资金等存量资源；开发好公共产业服务的增量资源，从而更好地为返乡创业就业的乡村人才提供支持。各级地方政府应围绕乡村人才创业就业需求，制订乡村人才回流扶持计划，把扶持创业作为吸引乡村本土人才回流的重要手段，并在土地流转、融资担保、贷款贴息、税费减免等方面给予政策保障，以吸引更多乡村人才回归家乡。

参考文献

[1] 曹军. 毛泽东思想邓小平理论发展史 中国的马克思主义发展史研究 [M]. 西安：陕西人民出版社，2002.

[2] 高孝堂. 农村经济发展论要 [M]. 长春：吉林人民出版社，2004.

[3] 岑大明. 乡村振兴战略与路径 [M]. 昆明：云南人民出版社，2020.

[4] 刘祥作. 乡村振兴实施路径与实践 [M]. 北京：中国经济出版社，2022.

[5] 蔡竞. 产业兴旺与乡村振兴战略研究 [M]. 成都：四川人民出版社，2018.

[6] 王文举. 学术思想举要 1969-2010 诺贝尔经济学奖获得者 [M]. 北京：首都经济贸易大学出版社，2011.

[7] 张禧，毛平，赵晓霞. 乡村振兴战略背景下的农村社会发展研究 [M]. 成都：西南交通大学出版社，2018.

[8] 张献奇. 新型职业农民培养及培养模式研究 [M]. 郑州：中原农民出版社，2019.

[9] 周锟. 指引 从小康到共同富裕 [M]. 北京：商务印书馆，2022.

[10] 刘丽娟. 区域经济发展理论与实践研究 [M]. 北京：中国原子能出版社，2020.

[11] 王梦凡. 乡村振兴战略背景下农业现代化的实现路径探析 [J]. 现代化农业，2024，（01）：75-77.

[12] 李尧，张如侃，白金峰. 乡村振兴战略下大学生返乡就业创业的策略探究 [J]. 南方农机，2024，55（02）：135-137+150.

[13] 曹凡，王雪莹. 激活参与主体积极性大力实施乡村振兴战略 [J]. 活力，2023，41（24）：166-168.

[14] 任靓. 乡村振兴战略下农村精神文明建设研究 [J]. 智慧农业导刊，2024，4（01）：185-188.

[15] 张燕. 乡村振兴战略下特色农业经济的发展策略 [J]. 商业2.0，2023，（36）：84-86.

[16] 张文旭. 乡村振兴背景下共同富裕实现的现实瓶颈与优化路径 [J]. 农业经济，2023，（12）：89-90.

[17] 李星，王凯豪. 共同富裕导向下乡村振兴的实践路径 [J]. 农业科技通讯，2024，（01）：4-7.

[18] 吴娟娟. 乡村振兴视域下乡村人才队伍建设路径探析 [J]. 智慧农业导刊，2024，4（02）：168-171.

[19] 周伟. 乡村振兴战略下和美乡村建设的路径探析 [J]. 甘肃农业，2023，（12）：27-30.

[20] 刘欣. 乡村振兴背景下加强村干部队伍建设的对策研究 [J]. 农村.农业.农民（B版），2023，（12）：25-27.

[21] 胡鑫. 乡村振兴战略人才支撑体系建设研究 [D]. 长春：吉林大学，2021.

[22] 盖梦瑶. 乡村振兴战略背景下农村基层干部队伍建设研究 [D]. 石家庄：河北师范大学，2020.

[23] 李思宇. 乡村振兴战略对我国农村劳动力转移的影响研究 [D]. 济南：山东师范大学，2021.

[24] 王龙浩. 乡村振兴战略实施中乡风文明建设研究 [D]. 石河子：石河子大学，2020.

[25] 刘照哲. 乡村振兴战略背景下农村创新创业人才建设问题研究 [D]. 北京：北京化工大学，2022.

[26] 姚昀晖. 乡村振兴背景下农村人才建设研究 [D]. 济南：中共山东省委党校，2021.

[27] 刘贺. 乡村振兴战略视域下乡村人才队伍建设研究 [D]. 沈阳：辽宁大学，2023.

[28] 陈秀宁.乡村振兴背景下乡村治理人才队伍建设的路径研究[D].哈尔滨：黑龙江大学，2022.

[29] 汪琦青.乡村人才振兴现状及实施路径[D].温州：温州大学，2021.

[30] 秦云霞.万州区政府推进乡村人才振兴存在的问题与对策研究[D].重庆：中共重庆市委党校，2023.